THILO SCHNEIDER

THE DARK SIDE OF THE MITTELSCHICHT

Mehr über unsere Publikationen und Autoren:
www.achgut.com

Achgut Edition ist ein Verlag der
Achgut Media GmbH, Berlin
ISBN 978-3-9819755-7-4
1. Auflage, Berlin 2020

© Achgut Edition, Verlag der Achgut Media GmbH, Berlin 2020
© Fotomotiv Umschlag: Fabian Nicolay, Berlin
© Autorenfoto Umschlag: Thilo Schneider / Fotograf: Timo Raab
Alle Rechte vorbehalten

Umschlaggestaltung und Satz: stadt land fluss GmbH, Berlin
Druck und Bindung: CPI books GmbH, Leck
Printed in Germany

Inhalt

Prolog   8

Vorwort   11

Die Mittelschicht auf Reisen – damals,
als es noch nicht unmoralisch war ...

Kurzreise   18

Mit(g)reisende in einem Zug nach Erlangen   22

Ägypten – wo die Antike die Antike küsst   25

Budapest – stolzeste Stadt Europas   29

Malta im Frühjahr   35

Non Romani ite domum   38

Die Mittelschicht und ihr soziales Umfeld

Warum immer ich?   46

Tante Anke und die Wahrheit   50

Die erste Freundin des Sohnes   55

Nur mal kurz zwischendurch ...   59

Steilküstenschmonzette   62

Frau Panneslowski und Silvester   67

Auf dem Land – wo das Leben noch in Unordnung ist   72

Der erste Freund der Tochter   77

Die wirklich sowas von allerletzten Worte   81

Die Mittelschicht und ihre Partnerschaft

Der Partner, seine Aufzucht und Pflege 88

Bettgeflüster 92

Frühstück bei Thilo 96

Leider doof 101

Nichts Auffälliges 104

Platzkonzert 108

Schnupfm 112

Die Mittelschicht wird genervt

26580 – TwoSixFiveEightO – Kim Wilde hat es geahnt 118

Business all time flat professionell ... 122

Der schwule Siphon 126

De Ding 130

Die Ersatzbank 134

Essen für den Weltfrieden 138

Facebooken 142

Das kannst du deinem Friseur erzählen ... 144

Helft den Blinden 148

In 14 Tagen ist auch noch ein Tag 151

Nur ein paar Kleinigkeiten 156

Eine Geschichte in Konjunktiven 159

Wie man an seine PIN-Nummer kommt 163

„Wenn Sie einen Schaden haben, drücken Sie die 66" 166

Volle Kaffeekanne 172

Die Mittelschicht nervt

113 Gramm   178
Der Motorrad-Biker   181
Ein schweres Los   185
SMS nicht für dich   189
Terminsache   191
Erwischt   194

Unsortiertes aus der Mittelschicht

Experimentelle Buchstabensuppe   200
Der letzte Punk   203
Der Sozialkritiker   206
Die Tödin   210
Widerstand jetzt!   213

Bonus: Erinnerungen – der Alfredlaus   216
Epilog: Tati im Licht   222

Prolog

Wie alles begann. Und ja – das ist das Original und wirklich von mir. Allerdings hat dieser Text jetzt auch schon knapp 20 Jahre auf dem Buckel. Es gibt keine CD mehr. Wohlan, Kinder der 00er:

Offen gestanden kotzt es mich an: dieses dumme Gerede der derzeitigen „Generation Z", die 80er-Jahre seien langweilig gewesen. Totaler Bockmist.

Hört genau zu, Ihr zungengepiercten Tekknohoppler mit Tattoos auf der linken Arschbacke: Ihr wart nicht dabei!

Als Mittdreißiger haben wir sie live erlebt: die Geburt des Synthesizers und den wahren Soundtrack der 80er, der von Bands wie Depeche Mode, The Cure und Yazoo geschrieben wurde. Wir haben noch mit Midischleifen und Oszillographen gekämpft! Wir haben Euer Tekkno erfunden, bei uns nannte sich das aber noch „Wave" und war tatsächlich Musik (übrigens verwursten Eure DJs die Dinger noch heute zu einer Art musikalischer Cannelloni mit schwülstiger Computerbasssauce).

Wir mussten noch keine Angst haben, dass uns Tina Turner mit dem klassischen Seniorenoberschenkelhalsbruch von der Bühne purzelt, und wir haben Madonna noch mit festen Brüsten und ohne Babypause gekannt, Ihr Nasen! Wir verbinden „Kraftwerk" noch nicht mit Solarenergie und wir hatten noch Angst, dass Joschka Fischer von Holger Börner mit der Dachlatte verprügelt wird. Wir erinnern uns noch an Terroristenfahndungsplakate, auf denen hin und wieder ein Gesicht liebevoll mit Kuli von einem Staatsbediensteten durchgestrichen wurde... Die Bundeswehr und die NVA machten noch Spaß, wir kannten ja die Richtung, aus der der Feind kommt...

Zu unserer Zeit fielen Break-Dancer auf den Fußgängerzonen noch hin und wieder richtig auf die Fresse und Peter Maffay wurde beim Stones-Konzert noch ordentlich von der Bühne gepfiffen.

Wir hatten noch Plattenspieler (auf 33" und 45") und richtig geile Plattencover, auf denen man die Namen der MUSIKER (und nicht der Programmierer) ohne Lupe erkennen konnte und die tatsächlich Kunst waren – keine tempotaschentuchgroßen, einfarbigen Booklets, auf denen gerade noch „Nice Price" lesbar ist. Für uns war eine LP etwas Heiliges, das gepflegt und geliebt werden musste – und keine CD-Plastik-Wegwerfware, die so robust ist, dass man sie durchaus auch als Bierglasuntersetzer verwenden kann. Bei uns erkannte jeder sein Eigentum noch an den individuellen Kratzern.

Wir haben kein BB geguckt, sondern „Formel 1", wo es eine ganze fette Stunde wirklich gute Musikvideos zu sehen gab, die das Lied untermalten, wir hatten kein MTV mit degenerierten CD-Werbespots nötig. Wir haben uns „Wiedersehen mit Brideshead" reingezogen und schleppten dann Teddys in Diskotheken und ließen uns die Haare seitlich ins Gesicht fallen – ohne diese beknackten, umgedrehten Baseballmützen oder Wollhauben. In unseren Hosen konnte man sehen, ob eine(r) einen Hintern hatte, heute hängt der Arsch ja bei jedem von Euch in der Kniekehle der ach so tollen Adidas-Jogginghose.

Bei uns haben sich keine Neonazis mit Türken gekloppt, sondern Punks mit Teds, Teds mit Poppern, Popper mit Ökos und Ökos mit der Polizei... Und wer einen Führerschein hatte, fuhr als erstes einen Käfer oder einen Döschövö, bei dem Dellen von Individualismus zeugten, Ihr Opel-Corsa-Popel!

Und weil Ihr gerade im Leistungskurs Informatik sitzt: Die AC/DC-Einritzungen auf den Tischen sind von UNS – und es geschieht Euch nur recht, wenn Ihr glaubt, dass die Dinger aus dem Physiksaal kommen, wo irgendein findiger Schüler seinerzeit die Abkürzung für „Wechselstrom/Gleichstrom" in die Bank gemeißelt hat!

Also erzählt uns nichts über die 8oer. Und ja, hiermit entschuldige ich mich, auch im Namen meiner Altersgenossen, für Modern Talking. Das haben wir nicht gewollt...

Vorwort

Viele Menschen träumen davon, einigen wenigen gelingt es. Ein Buch zu schreiben, das sogar gedruckt wird. Und das, noch hübscher, nicht im Eigenverlag veröffentlicht wird, sondern von einem Dritten, der an den Autoren glaubt. Von den wenigen, den „happy few", gelingt es dann noch wenigereren (wie man bei uns in Unterfranken sagt), ihr Buch auch zu verkaufen und das auch nicht nur, weil es sich prima als Untersetzer für den wackligen Tisch eignet, sondern sich sogar gut liest und Spaß macht. Ich bin nicht Stephen King, ja, noch nicht einmal Charlotte Roche, hier finden Sie keine Feuchtgebiete. Gruselig wird es trotzdem. Manchmal. Wenn der Lektor gepennt hat.

Was ich jedoch bin, ist der Feind. Ich bin einer von denen, die gemeinhin als „alte weiße Männer" bezeichnet werden. Das sind die, die sich einbilden, klar zu denken, die ein paar Euro in der Tasche und ihr Leben im Griff haben und den Jüngeren gerne die Welt erklären. Weil wir eben auch schon etwas Lebenserfahrung haben (zumindest die, die sich nicht den Kopf weggesoffen haben), Höhen und Tiefen hatten, die eine Frau gefunden, ein Haus gebaut, ein Kind gezeugt und einen Neuwagen gekauft sowie ein wenig von der Welt gesehen haben. Die sich dann geschieden und wieder neu verheiratet haben, weil der Mensch an sich lernresistent ist. Die Leute verklagt haben und von Leuten verklagt wurden, die Prozesse gewonnen und verloren haben. Einer von den Sturen, die Tschernobyl, den Kalten Krieg, das Waldsterben und die kohleverseuchten Neubundesländer überlebt haben. Einer der harten Hunde, die später, als es um etwas ging, jede verdammte Eiskugel aus Rache gegenüber dem Finanzamt von der Steuer abgesetzt haben.

Wir meinen es gut, wir alten weißen Männer, wir hoffen das Beste und erwarten das Schlechteste. Wir wurden so oft „verarscht" (Entschuldigung, aber es gibt kein anderes passendes Wort), beschwindelt, getäuscht und enttäuscht, weil wir zu vertrauensselig waren und an das Gute im Menschen geglaubt haben. Und – das ist der eigentliche Knackpunkt – dies noch immer tun. Denn wir haben auch die Netten, die Inspirierenden, die Freunde, die Helfer, die Verzeihenden und Treuen kennengelernt. Denen sind wir auch begegnet. Denen, die selbst gelitten haben und leiden und trotzdem ihr Schicksal mit Mut, Tapferkeit, Courage und sogar Lebensfreude meistern.

Dieses Buch handelt von all diesen Menschen und der Kommunikation mit ihnen. Von den skurrilen Situationen und den verblüffenden Begebenheiten. Manche dieser Geschichten habe ich exakt so erlebt, andere habe ich ausgeschmückt, ein paar wenige habe ich frei erfunden. Weil sie auch so sein könnten, wie es da steht. Irgendjemand hat einmal gesagt: „Die schlagfertigsten Antworten fallen einem immer erst 24 Stunden später ein". Das stimmt. Es stimmt auch, dass sie mir manchmal sofort einfallen, ich aber verwundert schweige, weil ich eine Situation nicht eskalieren lassen will oder weil ich höflich oder schlichtweg zu faul bin. So eine halbwahre Geschichte ist zum Beispiel „Erwischt". Was soll ich als Bürger auf die Frage „Warum parken Sie hier" denn antworten? Wenn es doch offensichtlich ist, dass ich einfach nur zu faul war, mir einen ordnungsgemäßen Parkplatz zu suchen? Ich habe mich im Text für die Variante entschieden, die ich hätte nehmen müssen, wenn ich einen Verkehrshüter zur Explosion hätte bringen wollen, der Rest der Geschichte ergab sich dann von selbst. In der Realität habe ich ein „ich zahl das schon, keine Sorge" gebrummelt und bin meines Wegs gegangen – oder vielmehr gefahren. Menschlich war das die bessere Entscheidung – aber geärgert hat mich meine Feigheit dann doch. Und so kam dann eines zum anderen und ich habe mir meinen Ärger über mich selbst dann von der Seele geschrieben.

Ich bedanke mich mit den letzten Zeilen dieses öden Vorworts ausdrücklich bei meinem Verleger für sein Vertrauen und ich bedanke mich erst recht bei all den Menschen, denen ich begegnen durfte, die dieses Buch möglich gemacht haben. Die mich als Zielscheibe oder Fußabtreter oder Blitzableiter gebraucht haben, für die ich Sparringspartner, Diskussionsgegner, Freund und Feind sein durfte, die mich genervensägt, gestört oder belästigt haben, die mir auf den Keks gegangen sind und von denen ich ein paar jeden Tag sehe, andere sind im Nebel der Erinnerung (prosaisch, gell?) verschwunden oder schlicht gestorben, manche Lebenslinien haben sich nur kurz gekreuzt, andere ineinander verschlungen und wieder andere liefen eine Zeit lang parallel, bis sie auseinanderdrifteten.

Zum Schluss bedanke ich mich bei Ihnen, die Sie dieses Buch in Händen halten. Sie haben mit dem Kauf dieses Buchs die „Aktion gegen Armut" unterstützt. Und zwar meiner Armut und die meines Verlegers, der, jede Wette, gar nicht alles gelesen hat. Bis hierher haben Sie also schon durchgehalten und bezahlt haben Sie auch. Jetzt können Sie dieses Buch auch verbrennen, verschenken, ins Regal zum Angeben stellen oder darauf herumtrampeln. Es ist Ihr Buch. Ich freue mich aber klammheimlich, wenn Sie mich mit in die Badewanne, an den Baggersee, auf die Urlaubsfahrt, auf den Balkon, die Toilette und abends mit ins Bett nehmen. Doch, das finde ich toll. Ich hoffe, Sie erkennen sich in dem einen oder anderen Kapitel wieder und nehmen dieses Buch noch nach Jahren gerne zur Hand, wenn ich nicht mehr als ein Klumpen zerfallender Moleküle sein werde.

Ach, noch eine allerallerletzte Nachricht an den Antiquar, der das Buch in 50 Jahren in seinem Sortiment stehen hat: Egal, was Du verlangst – das ist ja jetzt wohl ein Witz, oder? Das Buch ist LOCKER das ZEHNFACHE wert! Du Penner!

Die Mittelschicht auf Reisen – damals, als es noch nicht unmoralisch war...

Kurzreise

Ein nettes Mittagessen mit netten Leuten bei Francesco, dem netten Italiener. Wir haben gut gegessen, gut getrunken und zur Feier des Tages bestelle ich mir noch ein Tiramisu con Salmonelle. Und dann geht's ab ins Auto, die lächerlichen 10 Kilometer bis nach Hause ganz kurz über die A3 gerutscht.

Und gleich hinter der Ausfahrt Aschaffenburg stehe ich im Stau.

Nun ist „im Stau stehen" normalerweise nichts Tragisches. Man kann den Motor ausmachen, aussteigen, nette Leute kennenlernen, ein wenig fachsimpeln, ob „das da vorne" ein Unfall ist, wieder mal so ein Idiot nicht aufgepasst, hehe, oder eine Baustelle („Warum müssen die auch Freitag mittags arbeiten, so ein Schwachsinn") oder ob Gott eine Frau ist, völlig egal. Wildfremde Menschen treffen sich und diskutieren, denn vor Gott und dem Stau sind Mercedes- und Opel-Astra-Fahrer gleich.

Ich sitze also in meinem Stauende, kann nicht vorwärts und nicht rückwärts und überlege, ob ich ein wenig aussteige, als es ein paar Schrittchen vorwärts geht.

Und mich mein Magen daran erinnert, dass alles, was ich oben hineinstopfe, ja auch irgendwie unten wieder raus muss.

Eine fatale Situation. Ich krieche also durch einen Baustellenstau, rechts neben mir nur eine Betonwand ohne Standstreifen, links die zweite Kriechspur, Mittelleitplanke und dann die Gegenfahrbahn, wo sie wie die Henker rasen (bei eigener Schrittgeschwindigkeit wird jedes Fahrzeug über 50 km/h zum „Raser"). Auf dem Beifahrersitz mein angetrautes Weib, das es mir bestimmt übelnehmen würde und dem auch übel werden würde, wenn das einzige, was jetzt fährt, mein ganz persönlicher Wind mit männlich-herber Duftnote wäre.

So sitze ich also da und rechne: Zehn Kilometer bei einer Schnittgeschwindigkeit von 10 km/h macht grob über den Daumen eine satte Stunde, bis sich die Betonwand für die Einhausung öffnet und ich dem Laufe der Natur folgen könnte – sofern ich überhaupt auf grüner Heid gehen möchte ...

Während ich vorwärts krieche, fange ich an, Alternativpläne zu schmieden.

„Durchhalten" nennt sich Plan A. Ich kurble also das Fenster auf und drehe das Radio lauter. Dies hat zwar keine direkte Einwirkung auf das an die Pforte seines Gefängnisses klopfende Tiramisu, könnte jedoch für guten Durchzug sorgen und die akustische Begleitung eines Fluchtversuches übertönen.

Plan B heißt „Intimität schaffen". Für den Fall, dass Plan A misslingt, könnte ich den Warnblinker setzen und mir eine Decke über den Kopf ziehen und mich an die Betonmauer kauern. Eine Decke habe ich im Verbandkasten, die hilft zwar nur bei Verbrennungen, sollte jedoch groß genug sein, damit ich mir keine allzu große Blöße geben muss. Während das verdammte Tiramisu gegen seinen Pförtner kämpft und mir die „No Angels" „DEYYYLEEIID" in die Ohren grölen, widme ich mich der Frage, womit sich an meinem Astralkörper eventuelle Fluchtspuren beseitigen lassen. Ich versuche es mit einer List:

„Schatz, hast du Tempotaschentücher dabei?" „Nö, wieso, hast du Schnupfen?" „Neinnein, einfach so ..."

Meine Gefährtin hat in ihrer Handtasche normalerweise alles. Geld, Schlüssel, Papiere, Lippenstift, Labello, Hammer, Eisenfräse, zehn Liter Rohöl, alles, was das Herz begehrt. Nur keine verdammten Taschentücher. Das war Absicht.

Mein Blick fällt auf die Sonnenblende, während sich das Tiramisu in meinen Eingeweiden verzweifelt windet. Ich stelle fest, dass ich Schweißperlen auf der Stirn habe. Unter der Sonnenblende. Die Wischtücher vom letzten Waschanlagenbesuch. Ich klappe betont harmlos die Blende herunter. Klasse. Das trockene Tuch fehlt, damit hatte ich die Brille geputzt. Nur das Anti-Wachs-Feuchttuch ist noch da.

Während sich die Schlange vorwärts und mich das Tiramisu inwärts quält, versuche ich mir das Gefühl vorzustellen, wenn ich mir ein Tuch mit Salmiak oder anderer Chemie an eine der empfindlichsten Körperöffnungen des Menschen presse. Die Vorstellung begeistert mich keineswegs und ich zünde mir eine Zigarette an.

Falsche Entscheidung.

Durch den Rauch wird mir jetzt richtig schlecht, die leckere Nachspeise quittiert meine Tat mit wilden Schlenkern und ich werde zappelig. Gürtel auf. Fünf Kilometer sind schon geschafft. Das wird eng!

Mir fällt ein, ich habe noch Kohletabletten dabei. Genau für so einen Fall. Ich krame hektisch mit der linken Hand nach den Tabletten in meiner Jackett-Tasche, die hängt hinter dem Fahrersitz ordentlich am Haken, mit der Rechten lenke ich vor mich hin. Ich schwitze und schiebe Panik. Meine Gefährtin sitzt daneben und grinst.

Das Tiramisu wütet und tobt in meinen Eingeweiden, sollen jetzt die Winde wehen, mir egal, ich reiße die Tabletten aus dem Jackett, dessen Aufhängung reißt ebenfalls, ich stopfe die Tabletten in mich hinein und das Tiramisu tobt.

Da taucht, wie durch ein göttliches Wunder, eine Nische in der Betonwand auf, darin steht ein blaues Häuschen mit der Aufschrift „DIXI".

Ich bremse, springe wie ein Derwisch aus dem Auto, die Tür vom Klo ist, Gott ist heute nicht grausam, offen, ich springe hinein, hau die Tür zu, wütendes Hupkonzert auf der A3, scheißegal, ich reiße mir die Klamotten vom Leib und – „Aaaaaaahhh".

Und eine berühmte deutsche Boulevardzeitung von letzter Woche liegt auch da.

Ich steige aus dem Klohäuschen mit druckgeschwärztem Hintern, laufe lässig wie ein Mann, der eine große Tat vollbracht hat, zu meinem Auto und ignoriere die hupkranken, verständnislosen Vollidioten hinter mir. Meine Gattin feixt. Vor mir wird langsam es langsam so frei, wie ich mich fühle und ich weiß: Gott ist mein Freund.

Ob mir wohl jemand ein Häkeldeckchen für die Klorolle im Fond bastelt?

Mit(g)reisende in einem Zug nach Erlangen

Ich sitze im Speisewagen irgendeines ICE „Eva Braun" zwischen Leipzig und Eisenach und bin so mehr oder weniger gezwungen, den Dialog des alten Ehepaares am Nachbartisch mitzuhören. Beide dürften sich aus irgendeiner kurzen Entfernung den 70 nähern, beide sind leicht überdurchschnittlich gut gekleidet und beide unterhalten sich, nachdem sie beide erst zehn Minuten wortlos aus dem Fenster gestarrt haben, auf eine geradezu lorioteske Weise miteinander. Sie legt völlig spontan und komplett ohne Zusammenhang los, da ihr anscheinend ein entsetzlicher Gedanke durch den Kopf schießt:

Sie: Du hast für Obersdorf die richtigen Schuhe an.

Er: Was?

Sie: DU HAST DIE RICHTIGEN SCHUHE AN!

Er: Wofür?

Sie: Für Obersdorf.

Er: Ja.

Sie: Ich habe die falschen Schuhe.

Er: Wieso?

Sie: Ich kann in denen nicht laufen.

Er: Aber du läufst doch.

Sie: Ja, aber nicht in Obersdorf.

Er: Nein, nicht in Obersdorf.

Danach ca. 60 Sekunden Schweigen. Beide sehen wieder aus dem Fenster. Dann, unvermittelt…

Sie: Erlangen ist auch schön.

Er: Ja, ist auch schön.

Sie: In Erlangen wohnt jetzt auch der Sohn von Frau Nitzschke.

Er: Ja.

Sie: Der studiert da.

Er: ...

Sie: Nach Erlangen könnten wir auch mal wieder.

Er: Ja.

Sie: Ich sach ja immer, von Erlangen aus isses gar nicht so weit.

Er: Wohin?

Sie: Von uns aus.

Er: Dann musst du das anders sagen.

Sie: Was?

Er: Von uns aus isses gar nicht so weit nach Erlangen.

Sie: Sach ich doch.

Er: Nein. Tust du nicht.

Pause.

Er: Das Paket aus Harrington müsste bald da sein.

Sie: Das ist ein schweres Paket.

Er: Die bringen das.

Sie: Oder wir holen es ab.

Er: Das wird mit dem Roller nicht gehen. Dafür ist es zu schwer.

Sie: Dann müssen die das bringen.

Er: Ja, die Post muss das bringen.

Sie: ...oder die DHL.

Er: Die Post ist die DHL.

Sie: Oder mit UPS.

Er: Heute ist aber Feiertag.

Sie: Dann muss das Frau Nitzschke für uns annehmen.

Er: Du hörst nicht zu, heute ist Feiertag.

Sie: Wir sind ja auch nicht daheim.

Er: Die kommen heute nicht, frühestens morgen.

Sie: Da ist Frau Nitzschke nicht da.

Er: Wir können es auch abholen.

Sie: Aber nicht mit dem Roller.

Er: Nein, dafür isses zu schwer.

Wir erreichten danach Eisenach und die beiden Bekannten von Frau Nitzschke mussten aussteigen. Ich werde nie erfahren, wie es sich in Obersdorf in Damenschuhen läuft, warum es nach Erlangen nicht so weit ist und ob das schwere Paket aus Harrington je ankam. Aber ich bedanke mich bei meinen unbekannten mitreißenden Mitreisenden für den tiefen Einblick in die menschliche Psyche nach 40 Jahren Ehe, wenn man sich einfach auch nur noch mit einfachen Sätzen versteht. Und, an Frau Nitzschke, sollten Sie das je lesen: Ziehen Sie weg. Weit weg. Also nicht nach Erlangen! Nach Erlangen ist es nicht so weit.

Ägypten – wo die Antike die Antike küsst

Wenn einer eine Reise tut, dann kann er ja was erzählen. Und zwar vom Pferd. Und zwar allen anderen, die keine Reise getan haben. Aber ich will ja ehrlich sein. Ich war in Ägypten. Noch genauer: in Hurghada. Noch genauer: im „GoldenMovieBeachDingsbums"-Hotel. Und da ich nur fünf Tage unterwegs war (die Zeiten sind schlecht), habe ich auch nur das Hotel gesehen. Beziehungsweise davon zwei Tage nur das Hotelzimmer. Weil meine Holde und ich zu unterschiedlichen Zeiten Salat gegessen haben und deswegen zu unterschiedlichen Zeiten von „Pharaos Rache" erwischt wurden. Aber ich war in Ägypten. Immerhin. Den Stempel habe ich im Pass.

Das ermöglicht es mir, in Zukunft, wenn jemand von Ägypten erzählt, müde abzuwinken und zu sagen: „War ich schon!" Tja, was lässt sich über Ägypten sagen? Es scheint nach der Türkei das zweitbilligste Urlaubsland zu sein. Es läuft jede Menge fette deutsche Unterschicht mit Katalogtattoos durch die Gegend, die sich morgens die Teller derart vollschaufelt, als gäbe es kein „All inclusive" und als seien sie fünfzig Kilo leichter und kämen direkt aus einem Hungergebiet. Auffallend sind neben den üblichen Larrys mit Schildmützchen und dem Klassiker „Mann mit Dutt und hohem Hexer-Level in Warcraft" sehr dicke Männer, deren Kofferinhalt (altes BVB-Trikot und halblange Trainingshose) getrost auch in eine Plastiktüte gepasst hätte. Daneben elegant verschminkte Russinnen mit falschen Wimpern, Brüsten und Louis-Vuitton-Taschen und natürlich die unverwüstliche deut-

sche Eineinhalbkindfamilie, die vor lauter Plastikschwimm-
tieren nicht zu sehen, sondern nur zu hören ist.

Neben der wirklich hübschen Hotelanlage kann ich noch
von zwei Transferfahrten – einmal nachts durch Hurghada
und einmal tagsüber über so etwas ähnliches wie eine Auto-
bahn – berichten. Tagsüber ist es in dem verdammten Land
derart heiß, dass sogar die Mücken zu faul zum Stechen sind,
das richtige Leben findet am frühen Morgen und späten
Abend statt, wenn sich die Haut nicht mehr pellt, nur weil
man vor die Türe gegangen ist. Ich wette, die haben die Pyramiden nachts gebaut; tagsüber wäre das sogar für die
ägyptischen Sklaventreiber eine Zumutung gewesen – von
einer regelrecht genoziden Todesrate unter den Sklaven ganz
zu schweigen. Merke: Ägypten macht nachts mehr Spaß als
am Tage.

Der Ägypter als solcher ist ziemlich klein und ziemlich
dunkel und wahrscheinlich ein hervorragender Streitwagen-
fahrer, weshalb er auch ideal in Panzer russischer Bauart
passt. Unser Hotel stammte ursprünglich schätzungsweise
aus der Zeit, als sich Russen und Ägypter noch gegenseitig
geil fanden, denn es gab so eine Art „alten Teil", der kyrillisch
beschriftet war und böse nach Ostblockcharme aussah. Ich
nehme an, der Ursprung des Hotels wurde nicht von „ver-
dienten Helden der Arbeit" besucht. Irgendwann in den Nul-
lern haben die dann das Ding auf links gedreht, ägyptischen
Nippes und ein paar Zimmerpflanzen und Kakteen reinge-
klatscht und schon hatte das Teil Weststandard.

Ägypter bauen großartige Gebäude. Nur bauen sie sie
nicht fertig. Hurghada ist im Grunde eine Ansammlung von
Betonskeletten mitten in der Wüste, auf denen nicht einmal

ein Eimer Sand steht, obwohl doch drumherum genug davon liegt. Aleppo sieht lebendiger aus als diese Geisterstadt aus ungeborenen Gebäuden und ich werde das Gefühl nicht los, dass die Pyramiden im Grunde nur ein Hotelrohbau sein könnten, dessen Besitzer irgendwann weiter baut. Aber wenn man ein Volk richtig kennenlernen will, dann muss man sein Werbefernsehen sehen. In Ägypten sind die meistbeworbenen Artikel Schlankheitspillen, Schädlingsbekämpfung und Waschmaschinen – was unweigerlich zu dem Schluss führt, dass der Durchschnittsägypter zu fett in einer kakerlakenverseuchten Wohnung hockt und nur eine alte plackige Waschmaschine – wenn überhaupt – sein Eigen nennt. Da brauchst du natürlich nicht mit „dem Besten von Jacobs" um die Ecke zu kommen…

Der Ägypter selbst platzt fast vor grundlosem Nationalstolz, denn seit der Unterwerfung der Israeliten – und selbst die sind ihm wieder abgehauen – und der Verteidigung von Damiette im Mittelalter hat er militärisch seit der Antike nichts mehr auf die Kette gekriegt, was aber auch daran liegt, dass es in Ägypten jede Menge Wüste gibt und sich alles nur um einen einzigen Fluss herum abspielt. Die Hauptexportartikel Ägyptens sind Sand, Datteln, Durchfall und Pharaonennippes, den Touris wie ich außer Landes schleppen. Der Ägypter selbst ist übrigens sehr reinlich, was man von seinem Land – zumindest von dem, das ich gesehen habe – nicht behaupten kann. Dinge wie „Mülltrennung" sind den Ägyptern fremd, praktischerweise wird alles einfach in die Wüste geworfen, wo es der ewig wehende Wind schon zusammenkehrt, was sich an den Plastikmüllbergen an den Fangzäunen der Flughäfen begutachten lässt.

Überhaupt ist die Wüste in Ägypten spannend. Neben Asphaltpisten laufen Trottoirs, die nie ein Mensch begehen wird, aber gebaut wurden, weil irgendein Inhaber einer Tiefbaufirma einen Cousin in der Bauverwaltung hat. Spätere Generationen mögen in diesen Bürgersteigen mythische Zeichen und Symbole erkennen – ich halte sie für das Ergebnis sinnlos angelegter russischer Entwicklungshilfe. Zumal es die gleichen Trottoirs auch in Bulgarien gibt. Aber sollten Sie je in der Wüste stranden: Folgen Sie einfach dem Gehweg in die nächste Stadt.

Ansonsten sollten europäische Mägen ägyptisches Gemüse und das Zeug meiden, das sie dort als „Trinkwasser" bezeichnen. Das ist es für unsere inneren Organe nicht, wenngleich es sehr entwässernd wirkt. Der beste Tipp für Ägyptenreisende stammt aber von Pavel Wasselinski aus Minsk, den ich in der Hotelanlage kennenlernen durfte: „Fliegen Sie lieber nach Griechenland." Das werde ich dann auch tun.

Budapest – stolzeste Stadt Europas

Manchmal, wenn mein Konto ein bisschen überläuft, mache ich eine Städtereise, um mich weiterzubilden und fremde Länder, Menschen und Gerüche kennenzulernen.

Natürlich würde diesbezüglich auch eine Fahrt nach Offenbach am Main genügen, aber weil ich das schon kenne, bin ich dieses Jahr nach Budapest gereist.

Budapest ist, wie man weiß, die unverhältnismäßig große Hauptstadt eines verhältnismäßig kleinen Landes, nämlich Ungarn, und trägt auch die Bezeichnung „Paris des Ostens"; ich schätze, weil es in beiden Städten die gleich große Menge an Hundescheiße gibt.

Der Ungar selbst ist sehr gastfreundlich, aber nur dann, wenn er einen anderen Ungarn zu Gast hat. Was Touristen angeht, begegnet er denen mit unangemessener Arroganz, was auch der Grund sein dürfte, warum jeder Eroberer dieses Landes gesehen hat, dass er das Teil schnell wieder loswird.

Ungarn selbst blickt auf eine wechselvolle 1000-jährige Geschichte zurück, als die Ungarn, damals noch unfähig, selbst einen Staat auf die Beine zu stellen, ins Pannonische Becken einfielen, die dortigen Bewohner kurzerhand abmurksten und anschließend den anderen Nachbarstaaten durch räuberische Einfälle gehörig auf den Sack gingen, und wer je in einer mitteldeutschen Fußgängerzone stundenlangen Bettelkonzerten ungarischer „Touristen" zuhören musste, der weiß, dass sich bis heute daran nichts geändert hat.

Die ungarische Sprache selbst wurde von Gott augenscheinlich zuletzt vergeben, da die meisten Buchstaben schon

aus waren und nur noch s,c,z und ein ganzer Haufen von
„´ " zu haben waren.

Wir benötigen aber dieses historische Vorspiel, um die
Ungarn und speziell Budapest zu verstehen.

Budapest besteht eigentlich aus zweieinhalb Städten,
nämlich Òbuda, Buda und Pest. Ursprünglich wollten diese
Städte nichts voneinander wissen, aber seit der leichtsinnige
Graf István Széchenyi drei Tage auf eine Fähre warten musste
und deswegen auf die wirklich revolutionäre und völlig neue
Idee kam, eine Brücke über die Donau zu bauen, bekamen
die Ungarn tatsächlich bereits im Jahre 1849 (nur 900 Jahre
nach der Besiedlung jener Städte) eine Brücke, die die Stadt-
teile verband. Seitdem fahren die Ungarn über die Donau,
um sich gegenseitig zu beschimpfen.

Buda ist der älteste Stadtteil und auf einem Hügel erbaut.
Von dem Hügel gegenüber haben die Ungarn – Thema Gastfreundschaft – ihren ersten Missionar, den heiligen Gellért,
in einem mit Nägeln gespickten Fass sehr zur Freude der
Umstehenden hinunterkullern lassen, weil er Ausländer war.
Heute steht an der Stelle sein Standbild und guckt auf die
Donau, womit wir das erste Wahrzeichen und auch gleich
den Hauptexportartikel der Ungarn bis zum Spätmittelalter
abgehakt hätten, nämlich originelle und besonders grausa-
me Foltermethoden.

Budapest ist die einzige Stadt, die mit heroischen Stand-
bildern von im Rest Europas zu Recht völlig unbekannten
Ungarn geradezu gespickt ist. So treffen wir auf dem Burg-
berg beispielsweise auf das Reiterstandbild von Futaki Hadik
András gróf, der dort in einer prächtigen Husarenuniform
grüßt. Bekommen hat er das Standbild für eine typisch un-

garische Großtat: Während die Preußen im Siebenjährigen Krieg nicht zu Hause waren, war er mit seiner Reiterei in Berlin eingefallen, hatte einen Sack Damenhandschuhe erobert und war wieder abgehauen, bevor die Preußen zurückkamen. Ansonsten hat er jede Schlacht mit einem ernstzunehmenden Gegner verloren.

Der Hauptzugang zur Altstadt ist jedoch das Bécsi kapu, von dem man einen wunderbaren Blick auf den „Burger King" Richtung Moszkva tér hätte, wenn keine Häuser im Weg stünden. So kann man jedoch immer noch eine prima Telefonzelle sehen, wahrscheinlich eine der letzten in ganz Europa, da sich das Mobilnetz von Ungarn ungefähr auf dem Stand von 1942 befindet.

Von dort aus gehen wir am Geburtshaus Gezá Bedáks (dem Erfinder der sich gegen den Uhrzeigersinn drehenden Drehtür) vorbei zum Militärmuseum, in dem sich interessante Zeugnisse aller ungarischen Niederlagen befinden und in dem es von Italienern wimmelt, die sich freuen, dass es ein Volk gibt, das noch mehr Kapitulationen auf dem Buckel hat als sie selbst. Immerhin aber können die ungarischen Kinder dort echte Waffen aus dem Zweiten Weltkrieg befingern, wovon sie auch ausgiebig Gebrauch machen, wer weiß, wann sie sich mal wieder besiegen lassen wollen.

Von Museum aus folgen wir der Úri utca, vorbei am Geburtshaus von Károly Búnzky, dem Entdecker der Buchdruckkunst, der zeitlebens daran litt, dass es keine ungarischen Bücher gab, die er hätte drucken können, weiter an der Deutschen Botschaft entlang (die beiden Angestellten finden Sie in der Regel hinten im Hof beim Rauchen, wenn sie nicht gerade beklauten Touris Geld für die Rückflucht leihen) hin zum oben genannten Reiterstandbild von Futaki Hadik András gróf. Dort wenden wir uns nach links, nicht ohne zwischendurch im berühmten und berüchtigten Ruszwurm cukrászda eine Gerbeaud-Schnitte (ein Süßgebäck, das einem die Rosette zusammenzieht) widerlich gefunden zu haben und dessen Inhaber entweder von unzufriedenen Eroberern erschlagen wurden oder an Zuckerkrankheit starben.

Jetzt befinden wir uns dann auch schon auf dem Szentháromság tér, wo wir von japanischen Touristen umzingelt werden, die ihre Stadtpläne verkehrt herum halten. Ich könnte jetzt ein paar Worte über die Kirche da verlieren, aber wir wenden uns jetzt zuerst einmal nach links in die Országház utca, die „Straße des Parlaments", die im 15. Jahrhundert „Italienische Straße" hieß, weil hier für Arbeiten im Königspalast angeheuerte toskanische Handwerker hausten, und laufen, vorbei am Geburtshaus von Tibor de Hevesy (dem berühmten ungarischen Chemiker, der die Essbarkeit von Styropor bewies), bis zum Ende, wo die Mária-Magdolna-Kirche (benannt nach Mária Magdolna, der zu Unrecht vergessenen zweiten Ex-Freundin von Johánnez Tauferisz) oder vielmehr ihr Rest steht, weil die Ungarn zu faul waren, das Teil nach dem Zweiten Weltkrieg wieder aufzubauen.

Jetzt gehen wir, vorbei am Geburtshaus von Zoltán Fázekas (dem berühmten ungarischen Torwart, der die traumhafte Zahl von 16 kassierten Toren – in einer Halbzeit – hält), rechts die Fortuna utca wieder hinunter, in der sich das einzige Hotel in Europa befindet, in dem die Gäste für Übernachtungen auch noch bezahlt werden (und das trotzdem nie ausgebucht ist), seit dort der erste Fall von Schweinegrippe in Europa bekannt wurde.

Schon befinden wir uns auf dem Hess András tér, benannt nach dem zweiten Buchdrucker, aber dem ersten Buchdrucker, der ein ungarisches Buch druckte.

Und pleiteging, weil keiner die Schwarte kaufen wollte. Hier stand vor Zeiten ein Dominikanerkloster, das jedoch von den Dominikanern fluchtartig verlassen wurde, als sie bemerkten, dass sie in Ungarn gelandet waren. Dafür hat der ungarische Architekt Béla Pinter hier das Hilton hingebaut und es wäre sicher ein prima Hotel geworden, wenn er vorher die Reste des Klosters weggeräumt hätte. So aber stehen dessen Trümmer heute in der Hotellobby herum und allen im Weg und man hört öfter mal das Scheppern von zerspringendem Geschirr, wenn mal wieder eine Bedienung über ein aus dem Boden ragendes Säulenkapitell gestolpert ist.

Hier steht auch die von dem ungarischen Bildhauer József Damkó geschaffene Statue von Papst Innozenz XI., die eigentlich den heiligen Petrus zeigen sollte, aber aufgrund der Unfähigkeit des Bildhauers schließlich mit dem Papst assoziiert wurde, dem sie am ähnlichsten sah.

Vor uns ragt nun die Mátyás templom empor, vor der immer noch die japanischen Touristen stehen, deren Reiseführer ihnen gerade erzählt, sie stünden vor Notre Dame. Hier fanden die Krönungszeremonien von Károly Róbert, Ferencz Jozeph I. und Karoly IV. statt, sämtliche Könige unterlagen übrigens in den von ihnen geführten Kriegen. Sie ist deshalb auch unter dem Namen „Krönungskirche der Verlierer", aber auch als „Verkérszhindérnisz" bekannt.

Davor sehen wir Richtung Donau die sogenannte „Fischerbastei", eine eigentlich eigens zu touristischen Zwecken erbaute Aussichtsplattform, deren Name an die tapferen Fischer erinnert, die während der Türkenbelagerung die Burg als Letzte verließen – schlicht, weil sie von den kopflos fliehenden ungarischen Truppen vorher nicht durchgelassen wurden.

Hier beschließen wir auch unseren vormitternächtlichen Rundgang für heute im berühmten Litea Könyvesbolt és Teázó bei einem guten Glas Tokajer, was umso schwieriger ist, weil das Litea Könyvesbolt és Teázó ein Buchladen ist, der um diese Zeit schon geschlossen hat.

Malta im Frühjahr

Tja, was kann man über Malta erzählen? Malta ist eine sehr kleine, aber breite und ziemlich braune Insel. Das hat Malta mit den Malteken (nicht „Maltesern", aber dazu später) gemeinsam. Malta liegt ziemlich bräsig und faul im Mittelmeer herum und weil es so gut wie keine Sandstrände hat, können die Malteken ihren Hobbys „seltsame Sprache sprechen", „Hasen essen" und „gebrauchte Kleinwagen fahren" ziemlich ungestört von den großen Tourismusströmen nachgehen, sicher gelegentlich unterbrochen von Kreuzfahrtschiffen mit italienischen Kapitänen, die eigentlich Mallorca anfahren wollten.

Malta kann auf eine sehr reiche Geschichte zurückblicken, die leider immer die Geschichte von anderen Nationen ist, die gerade Malta erobert hatten. Die Ureinwohner Maltas waren Gerüchten zufolge Schimpansen, die Malta aus Versehen irgendwann in der Kreidezeit besiedelt haben. Diverse über die Landschaft verstreute Felsbrocken geben darüber ungefragt Auskunft.

Ansonsten haben sich auf der Insel abwechselnd Phönizier, Griechen, Karthager, Römer, Normannen, Araber, Italiener und Türken die Füße plattgetreten, wenn ihre Schiffe dort gestrandet sind und sie von den Ureinwohnern ausgeraubt und geplündert wurden. Diese schöne Tradition hat sich bis heute bezüglich Fremder erhalten.

Am längsten haben es auf Malta die maltesischen Ritter des Johanniterordens ausgehalten, die die Insel quasi als Entschuldigung für die Weigerung zu helfen bekamen, als sie von den Türken aus Zypern geschmissen wurden. Und es sind tatsächlich die Malteser, die Malta ihren Stempel aufgedrückt haben, indem sie das Eiland in freudiger Erwartung eines Angriffs von vorne bis hinten mit Festungen überzogen. Und weil es ein sehr gläubiger Ritterorden war, haben sie das auch mit Kirchen getan, alles in einem Aufwasch. So kommt es, dass heute auf einen Malteken zwei Festungen und drei Kirchen kommen. Die Malteser haben sich außerdem aus Frust jeden Tag eine Flasche Schnaps gegeben (und nicht nur sich, sondern als ungeschickte und barmherzige Ärzte auch ihren Kranken und Verwundeten) und damit, das ist auch schon so ziemlich der einzige Kulturbeitrag Maltas zum Welterbe, der Welt den „Aquavit" spendiert.

Es gibt im Vergleich zu Budapest nur ganz sporadisch und vereinzelt Denkmale auf Malta, denn während die Ungarn wenigstens sinnlose Sachen erfunden haben, beschränken sich die technischen Innovationen der Malteken auf den Gebrauch eines Stuhls, um an ein höher liegendes Regal zu kommen. Die vereinzelt herumstehenden Monumente erinnern allesamt an die Ereignisse, bei denen es fremden Invasoren nicht gelungen ist, die Insel und ihre Hasen und Bewohner nicht zu erobern. Deswegen sind es so wenige.

Das moderne Malta zahlt heute in Euro, hat Linksverkehr, als offizielle Sprache so eine Art Englisch und exportiert in der Hauptsache Müll. Denn mit Sauberkeit und Ordnung hat es der Malteke nicht so. Gerne werden Verpackungen oder leere Dosen und Plastikflaschen einfach da fallengelassen, wo sie unnütz geworden sind, was Malta neben den hochgradig bröckelnden Fassaden der Uraltstädte einen gewissen pittoresken und orientalisch anmutenden Charme verleiht. Außerdem auch den entsprechenden Geruch, wenn es warm ist. Es gibt zwar überall Mülleimer, doch deren Funktion ist dem Harry Normalmalteken unbekannt, weswegen sie auch eher dekorativen Charakter haben. Man könnte, wenn man wollte, aber man muss ja nicht. Malteken sind durch den Aquavit ziemlich seuchenresistent.

Die Hauptstadt Maltas heißt „Valletta" und wurde von einem Typen gegründet, der zufällig la Valette hieß, sonst hieße sie vielleicht Müller oder Schmidt. Valletta hat eine sehr schöne und auch einzigartige, vermutlich auch die einzige Hauptstraße, auf der man beim Flanieren die Fastfoodlokaldichte der Stadt bewundern kann, schlicht, indem man die Namen auf den weggeworfenen Müllstücken liest.

Zu erwähnen ist vielleicht noch, dass die Kathedralen und Kirchen auf Malta allesamt zwei Uhren besitzen, die unterschiedliche Zeiten anzeigen; der Legende nach, um den Teufel zu verwirren, der Praxis nach aufgrund der Unfähigkeit maltekischer Uhrmacher, wenigstens zwei annähernd synchron laufende Uhrwerke zu bauen. So sind die einzigen, die verwirrt sind, die Malteken, weswegen Pünktlichkeit auch nicht zu den Primärtugenden des Malteken zählt.

Doch, war schön da. Es hat wenigstens nicht geschneit.

Non Romani ite domum

Wer je nach Rom gefahren oder geflogen ist, der weiß, dass er neben einem prallen Portemonnaie auch einen sehr langen Geduldsfaden mitbringen muss, denn wie bekannt ist, pflegt der typische Italiener seine nichtmediterranen Nachbarn mit ausgesuchter Herzlichkeit und einem prallen Vergnügungsprogramm zu unterhalten und stolz seine Kultur zu präsentieren.

Es geht auch sofort nach der Ankunft los: Nach einer filmreifen Landung mit der etwas älteren Alitalia-Maschine küssen wir, nachdem wir pflichtschuldig dem Piloten für seine Arbeit, uns nicht getötet zu haben, applaudiert haben, ganz papstmäßig den italienischen Mutterboden aus Dankbarkeit. Und nehmen, gleich nachdem wir am römischen Flughafen Fiumicino angekommen sind, an dem typisch italienischen und heiteren Ratespiel „Finde den Koffer" teil, bei dem sich das Flughafenpersonal den Spaß macht, zuerst ein falsches Gepäckband anzugeben, dann mit den Reisenden ein Riesen-Palaver zu veranstalten und schließlich das Gepäck mit einstündiger Verspätung auf einem völlig anderen Band dann doch herauszurücken. Du bist nassgeschwitzt, müde, entnervt und Du merkst: Du bist in Italien.

Nachdem wir mit einem lebensmüden Taxifahrer, der selbstbewusst weiß, dass Ampeln und sonstige Verkehrsvorschriften lediglich Beweischarakter für die Schuldfrage haben, falls es doch einmal kracht, in kürzester Zeit die Strecke vom Flughafen zum – nennen wir es freundlich – pittoresken Hotel in der Innenstadt zurückgelegt und bei Antonio, dem offensichtlich griechischen Rezeptionisten, eingecheckt haben, machen wir uns auch schon von unserem Hotel in der Via del Tritone zum ersten touristischen Höhepunkt auf, der sogenannten „Spanischen Treppe".

Wir gehen hierzu die Via Zucchelli, benannt nach dem ersten Italiener, der sich beim Klauen hat schnappen lassen, ganz nach oben bis zu dem Stand, an dem es sehr günstige originale Dolce&Gabbana-Sonnenbrillen mit Echtheitsgarantie so um die fünf Euro gibt, rüsten die komplette Familie aus und folgen dem Straßenverlauf, vorbei an der hübschen kleinen Kirche *Santa Maria in vino veritas,* bis wir am Ende der Via Sistina auf ein Baugerüst treffen. Das ist die berühmte Spanische Treppe, an deren oberem Ende die hübsche kleine Kirche *Maria in menstruatione* steht und in deren Mitte ein Obelisk emporragt, den die Römer irgendeinem Volk geklaut haben, als es gerade nicht hinsah.

Apropos Römer: Die Bevölkerung Roms selbst setzt sich im August ja aus 80 Prozent Touristen (davon 97 Prozent aus Asien), zehn Prozent Kneipenbesitzen, acht Prozent Taschendieben, einem Prozent Polizisten und einem weiteren Prozent „Sonstigen" zusammen, da sich die Römer clevererweise während der heißen Monate ans Meer verdrücken und erst im Januar zurückkehren.

Wir laufen die Spanische Treppe hinab, vorbei an erschöpften chinesischen Reisegruppen, die ihre Portemonnaies suchen, bis wir unten auf der Piazza Alberto Spagna treffen, der sich trotz der umliegenden Modeläden mit seinen handgefertigten Batiktüchern aus 100 Prozent Kinderarbeit hervorragend über Wasser hält. Wir wenden uns nach rechts, vorbei an dem Baugerüst, das die hübsche kleine Kirche *Maria in spaghetti bolognese* umhüllt, weswegen wir auch das von dem eher nicht berühmten italienischen Bildhauer Pescatore Avanti gestaltete Eingangsfresko nicht sehen können, bis wir bei einem algerischen Feinkostladen unsere erste typisch italienische Mahlzeit zu uns nehmen. Um 40 Euro ärmer gehen wir dann die Straße bis ans Ende zur Piazza del Popolo, dem „popeligen Platz", wie er auf Deutsch heißt, und bewundern gemeinsam mit einer maßlos enttäuschten indonesischen Reisegruppe zwei sehr hübsche eingerüstete Brunnen. Hier sehen wir auch das Eingangstor der alten Aurelianischen Stadtmauer, durch das eine recht enge Straße führt, an der man heute noch die Abdrücke der vielen Außenspiegel sieht, die sich die Römer im Laufe der Jahrzehnte dort abgerissen haben.

Wir wenden uns nun nach links in die Via de Ripetta, die „Straße des Rippers", vorbei am Gerüst, das die hübsche kleine Kirche *Santa Maria influenza* verdeckt, und folgen dem Straßenverlauf bis hin zum Mausoleum des Augustus, der seine ewige Ruhe seit dem Zeitpunkt nicht mehr hat, an dem die Stadt zu seinem einst außerhalb liegenden Grabmal hinkroch. Dort stellen wir dann fest, dass das Mausoleum auch als Parkhaus durchgehen könnte, und wenden uns nach links in die Via del Pontefeci, wo wir einmal mehr feststellen, dass der Satz „Wir müssen Schlitze klopfen, um die Elektroleitungen zu verlegen" keine Entsprechung im Italienischen hat.

Wir laufen weiter der kantonesischen Reisegruppe nach, bis wir uns auf der Via del Corso, der „Straße der Corsos", nach rechts wenden, vorbei an der hübschen, aber leider eingerüsteten Kirche *Maria con carne* und bis zum Piazza Colonna laufen, auf dem sich ein etwas langweiliger eingerüsteter

Brunnen und die eingerüstete Säule des Marc Aurel befinden, auf der er die Welt über seine größten Siege belügt.

Hier wenden wir uns am Einkaufscenter nach links in die Via di Sabini, die Sabinestraße, und decken uns bei einem algerischen Straßenhändler, der es irgendwie nach Italien geschafft hat, mit gekühltem Leitungswasser für einen Euro die Flasche ein.

Weiter geht es ganz geradeaus, am Baugerüst der hübschen kleinen Kirche *Maria in dolce vita* vorbei, bis wir die Piazza di Trevi erreichen, wo wir gemeinsam mit einer japanischen Reisegruppe das Baugerüst des weltberühmten Trevi-Brunnens bewundern. Dort nehmen wir auch im „American Icecream-Store" unser erstes berühmtes italienisches Gelato oder Gelati zu uns, wofür wir 40 Öcken löhnen.

Wir halten unsere Geldbeutel fest und irren hinter einer koreanischen Reisegruppe durch das Gedränge die Via del Lavatore, die „Straße der Toilettenhäuschen", entlang und treten dabei nur einmal in eine Touristenfalle mit dem Namen „Ristorante al Presidente", wo wir für ein paar traurige Spaghetti mit enttäuschender Sauce knapp 50 Lappen für die komplette Familie berappen. Weiter geht es die Vicolo Scanderbeg, benannt nach der gleichnamigen SS-Division, entlang, bis wir die Via della Dataria , die „Straße der kleinen Wurfpfeile" erreichen, wo wir die hübschen Eingangsfresken der kleinen Kirche *Maria indisponenta* bewundern könnten, wenn sie nicht von einem Gerüst verdeckt wären.

Hier besteigen wir keuchend und unter halbblaut gemurmelten Flüchen die berühmte, nicht von Michelangelo gestaltete Treppe hinauf zum Quirinal, auf dem sich ja bekanntlich der Präsidentenpalast befindet, der aber derzeit nicht eingerüstet ist, was er mit dem Dio(b)skurenbrunnen gemeinsam hat. Dieser Brunnen beinhaltet natürlich einen Obelisken, dafür wurden den beiden Dioskuren die ursprünglich bronzenen Zügel, mit denen sie die Pferde hielten, irgendwann einmal geklaut und dürften sich mittlerweile eingeschmolzen in irgendwelchen Motoren osteuropäischer Bauart befinden.

Wir bewundern den hervorragenden abendlichen Blick über die Dächer und Baugerüste Roms, bevor wir uns wieder auf den Heimweg machen, denn es wird dunkel in den Gassen Roms und das ganze Gelichter taucht langsam auf, gegen das die italienische Polizei seit den Barbareneinfällen machtlos ist. Wir halten noch einmal kurz beim Spar-Markt an der Via del Traforo, der Trafo-Straße, und decken uns mit italienischem Bier ein, mit dem wir uns hemmungslos im Hotel nach einem anstrengenden, aber schönen Tag in der ewigen Stadt betrinken, während uns von draußen die Polizeisirenen in den Schlaf begleiten. Und morgen werden wir die Gerüste ums Kolosseum und die Trümmer des Forum Romanum bewundern. Morgen ist auch noch ein Tag. Hoffentlich.

Non Romani ite domum

Die Mittelschicht und ihr soziales Umfeld

Warum immer ich?

Kleine Kinder lernen ja angeblich die Worte „Mama", „Papa", „Ball" und „Nein" als Erstes.

Ich persönlich glaube, dass der erste vollständige Satz, den Kinder lernen, der Satz „Warum immer ich?" ist.

Man sagt ja, Kinder seien nur Gäste, die nach dem Weg fragen, dagegen ist ja auch nichts einzuwenden, mir stinkt nur die Art und Weise, wie diese „Gäste" meine Gastfreundschaft missbrauchen. Fressen und saufen auf meine Kosten, belegen gelegentlich auch mein Schlafzimmer nebst Bett, kacken meine Klos voll, wollen Begrüßungs- und Taschengeld und wenn Du einmal, nur EINMAL was willst, kriegst Du ein „Warum immer ich?" vor die Füße geschleudert.

Es gibt ja Pädagogen, neudeutsch „Nannys", die immer wieder darauf hinweisen, dass man doch mit Kindern diskutieren könne, reden könne, das ginge alles ganz sanft, ohne die Stimme zu erheben, in einem harmonischen, liebevollen Miteinander, basierend auf gegenseitigem Verständnis und der Toleranz.

Meine Meinung dazu: GEHT STERBEN, IHR AHNUNGS-LOSEN!

Ein Beispiel: Wir sitzen abends beim Abendessen. Mein Ältester (10) hat soeben ein Tempotaschentuch in den Mülleimer geworfen. Jener ist so voll, dass das Papiertuch prompt wieder herausfällt. Also sage ich: „Bist du so lieb und bringst nachher den Müll raus?"

Mein Sohn sieht mich an, als hätte ich von ihm verlangt, sich mit heißem Honig zu begießen und sich in einem Ameisenhaufen zu wälzen.

Dann sagt er gar nichts. Geht auf seinen Platz, knallt sich auf den Stuhl, stützt das Kinn auf die Hände, winselt ein „Menno" und dann kommt der Satz, den ich mal so wirklich scheiße finde: „Warum immer ich?"

Nun, ich verfüge über eine abgebrochene Gymnasialausbildung und einen leidlichen Realschulabschluss, habe also weder Heidegger noch Nietzsche noch Ströbele oder andere Philosophen studiert, trotzdem kann ich durchaus diese Frage, die meinen Adrenalinspiegel in dieser Situation mit der Mündungsgeschwindigkeit einer 28mm-Kugel in die Höhe ballert, reflektieren.

„Warum immer ich?" ist natürlich eine Grundfrage des menschlichen Seins. Zuerst impliziert diese Frage ja, dass der Spross meiner Lenden regelrecht in Sklaverei gehalten wird, ein Tag und Nacht abrufbereit zu stehen habender Dienstbote, lediglich Kost, Logis und etwas Wasser kostend.

Ich könnte dem Balg nun darlegen, dass ich dafür arbeiten gehe, damit er was zum Spachteln und eine Playstation hat und seine Mutter 24/7 auf den Beinen ist und kocht und seine angeschissenen Unterhosen wäscht. Aber ich will mich nicht wie ein verdammter Buchhalter anhören. Jedenfalls noch nicht.

Also versuche ich es zuerst einmal mit einem rhetorischen und philosophischen Kniff, der Gegenfrage: „Warum NICHT du?"

Er ist vielleicht mein Sohn, aber nicht blöd.

„Weil ich vielleicht noch eine Schwester habe, die das auch kann?"

Gut, holen wir eben doch den Dienstleistungsbuchhaltungsblock raus:

„Aber sie hat vorhin den Tisch gedeckt."

„Dafür habe ich letzten Sonntag die Spülmaschine eingeräumt und war einkaufen."

Meine GG (geliebte Gattin) kichert in ihren Ikea-Becher, meine Tochter reißt ob des Showdowns zwischen großem und kleinem Löwen die Augen auf. Ich komme mit der Buchhaltungsnummer nicht weiter. Also leicht autoritär:

„Ich habe es eben jedoch dir gesagt, geliebter Sohn. Zumal du jener warst, der als Letzter am Mülleimer war."

„Wenn aber die T. vorhin nicht die Kartoffelschalen reingeschüttet hätte, dann wäre der Eimer nicht voll. Außerdem gehören Kartoffelschalen nicht in den Hausabfall, sondern in den Bio-Müll."

Nun, das Letzte, was ich tun werde, ist, mich nun auf den Nebenkriegsschauplatz der korrekten Mülltrennung einzulassen. Mein Problem ist ein voller Mülleimer.

„Du kannst ja die Kartoffelschalen rauslesen, wenn du den Müll nachher rausträgst."

„Warum IMMER ich?" Und dazu, clever: „Warum trägst DU den Müll nicht raus?"

Tja, berechtigte Frage. Vielleicht, weil ich keine Lust habe? Ich habe tatsächlich keine Lust, den Scheiß-Müll rauszutragen, aber ich habe auch keine Lust, die Kosten eines Kindes in Höhe von ca. 250.000 Euro bis zu seinem 18. Lebensjahr zu zahlen und mache es trotzdem.

Und für 250.000 Teuro kann ich wohl mal wenigstens einen rausgetragenen Müll erwarten, oder? Dann eben die Finanzbuchhalternummer:

„Mein lieber Sohn, du wirst mich ein riesiges Vermögen kosten, das ich im Schweiße meines Angesichtes erarbeite.

Ich tue dies gern und ohne mich zu beschweren, denn ich liebe euch. Nichtsdestotrotz denke ich, dass es dann nicht ganz unfair ist, wenn du einen Gang machst, den ich nicht machen möchte. Punkt."

„Du hast uns gewollt, jetzt trag auch die Konsequenzen", blökt er zurück.

Spätestens jetzt: Ich denke, es wäre Totschlag, kein Mord. Und mir liegt der Satz auf der Zunge: „Du machst das, weil ich das sage. Ende der Durchsage." Aber ich werde das nicht tun. Ich will schließlich kein autoritäres Arschloch sein. Also springe ich auf, brülle „ICH HAB'S VERSTANDEN, ICH BRING IHN SELBST RAUS!" und will mir gerade den Mülleimer schnappen, als mein Erstgeborener meinen Arm nimmt und genervt „Ne, ich mach's ja schon" brummelt, sich den Dreck schnappt und nach draußen trägt. So funktioniert das also.

Eine Frage allerdings hätte ich noch: Wer ist der moralische Sieger des Disputs? Warum immer ich?

Tante Anke und die Wahrheit

So mit sechs, sieben Jahren, da fand ich Tante Anke ziemlich cool. Das war Anfang der 70er, Tante Anke war 23 Jahre jung, schwarzhaarig, hatte eine ziemlich verrückt eingerichtete Wohnung und roch immer leicht süßlich, aber gut, und war so ziemlich das schwarzhaarigste Schaf der Familie.

Sehr viel später erkannte ich den süßlichen Geruch wieder, als vor meiner mündlichen Prüfung eine Kippe herumging, die bei uns Azubis eine Viertelstunde später zu einer recht gelassenen und ausgelassenen Stimmung in der Prüfung führte.

Tante Anke, soviel wusste ich noch, machte beruflich „irgendwas Soziales" und ich kann mich bis heute nicht restlos des Verdachts erwehren, dass sie eine sehr persönliche und sehr serviceorientierte Art von „Altenpflege" im Frankfurter Bahnhofsviertel praktizierte ...

Wie auch immer, man hat sich irgendwann mal aus den Augen verloren, Tante Anke heiratete, ließ sich scheiden und heiratete noch einmal, einen farblosen Buchhalter, nett, aber unbedeutend, und bekam zwei Kinder. Gelegentlich sah man sich auf größeren Familienfesten, dann war sie mal ziemlich böse krank und heute sitzen wir auf der Hochzeit meines anderen Neffen (kein Kind von ihr) zusammen und wie der Zufall es will, sitzt sie neben mir.

„Na, und? Wie geht es dir?", fragt sie. Danke, es geht mir gut, das Geschäft läuft flott, meine Kinder sind weder krank noch behämmert und wir sind gesund. So, wie es sein soll.

„Ist das dein Auto, der Schwarze da draußen?" Ja, ist es. „Ganz schön protzig", findet sie.

Und hätte ich gewusst, wie sich dieses Gespräch weiterentwickelt, und wäre ich vielleicht auch etwas intelligenter und diplomatischer, dann hätte ich mich jetzt dafür entschuldigt und mich woanders hingesetzt. Aber ich habe es verbockt, für mich war Tante Anke immer cool.

Stattdessen antworte ich Idiot: „Mag sein. Aber ich kann's mir leisten."

Ich hätte jetzt gedacht, Anke lacht, weil sie mich ja immerhin seit ein paarundvierzig Jahren mehr oder weniger kennt.

Falsch gedacht.

„Ziemlich arrogant", sagt sie. Und: „Wegen Leuten wie dir stirbt die Ozonschicht."

Ganz offen gesagt, hat mein Diesel einen Rußpartikelfilter neuester Bauart, während ihr abgefuckter 3er-Golf bestenfalls einen nicht funktionierenden Katalysator hat. Und ich sage ihr das mit dem Rußpartikelfilter, den Teil mit dem abgefuckten Golf lasse ich weg.

„Ich bräuchte so ein großes Auto nicht, um glücklich zu sein", reibt sie mir als Antwort unter die Nase.

Alter Verwalter. Ich brauche das verdammte Auto auch nicht, um glücklich zu sein, aber ich finde es geil, die Karre zu haben, und außerdem ist es mir scheißegal, was Tante Anke braucht, um glücklich zu sein.

„Dir gehört es ja auch nicht", gebe ich immer noch freundlich zurück und stelle voll Entsetzen fest, dass ich mich mit „Es ist halt einfach schön, mit dem Teil in den Urlaub zu fahren, weil wir da eben Platz für die Familie haben" zu allem Überfluss auch noch rechtfertige.

„Ach, Ausreden!", putzt sie mich ab. „Was muss man denn überhaupt mit dem Auto in den Urlaub fahren? Das geht auch mit der Bahn und ICH kann es mir auch zu Hause gemütlich machen. Dazu brauche ich nicht weg." Aha.

Doch, ich muss im Urlaub weg, um die Tante Ankes dieser Welt hinter mir zu lassen, aber das kann ich nicht sagen, weil es doch eine Familienfeier und alles so schön harmonisch ist und Tante Anke doch mal so eine coole Sau war.

Stattdessen sage ich entschuldigend: „Na ja, wir fahren ja nicht sooo weit, mal in die Berge oder an die Ostsee…" „Ostsee?", unterbricht sie mich. „Was will man denn DA? Da ist doch nichts."

Mittlerweile habe ich mein drittes Glas Wein intus. Ich bin ein paarundvierzig Jahre alt, habe keine Drogen genommen und nicht meine Mumu jubeln lassen. Ich habe einen guten Job, ein nettes Geschäft mit netten Mitarbeitern, Einnahmen, die deutlich über der Beitragsbemessungsgrenze liegen und absolut keine Lust und keinen Bedarf, mich von einer Ex-Dope-Nutte mit Haarausfall und einem verpfuschten Leben belehren zu lassen. Zumal sie die Ostsee ja wohl nur von der heimischen Couch aus kennt, weil sie da ja so glücklich ist, die dumme Nuss.

„Doch", sage ich, „da ist es sehr schön. Rostock zum Beispiel, ein wunderschönes Hafenstädtchen…". „… voller Neonazis" packt sie dazu.

Ja klar. Ich fahre mit der Familie nach Rostock wegen der Neonazis, die ich da besichtigen kann, du dämliche Flanschkuh.

„Nein, im Ernst. Uns gefällt es da. Und ich habe da auch noch keine Neonazis gesehen." „Ja, weil du nicht mit offenen Augen durch die Welt gehst. Aber na ja, wenn du meinst… Ich brauch' das nicht."

Nein, Tante Anke braucht eigentlich einen kräftigen Schlag auf den Hinterkopf, denke ich mir, und nehme Wein Nummer 5 in Angriff.

„Du hast auch ganz schön zugelegt", teilt sie mir zusammenhanglos mit.

Ja, habe ich, deswegen habe ich im Gesicht auch nur halb so viel Falten wie sie an ihrem runzligen Arsch, aber ich darf das nicht sagen und muss nett sein. Ich halte einfach die Klappe und kippe Wein Nummer sieben. Und acht.

Aber Tante Anke lässt nicht locker.

„Zuviel Essen ist ungesund und du kannst davon krank werden. Herzkrankheiten, Gefäßkrankheiten, Herzinfarkt..."

... und ich höre mich mit schwerer Zunge sagen: „Ich bin hier bei einer Hochzeit und nicht auf einem medizinischen Symposium. Und ich frage mich, wie scheiße eigentlich ein Leben gelaufen sein muss, das einen Menschen dazu bringt, andere permanent zu bewerten, zu belehren, zu beschnuddeln und zu bevormunden. Du warst einmal eine hübsche junge Frau und ich fand dich schon mit sieben sexy und heiß und total cool. Es mag sein, dass dir das Leben nichts geschenkt hat, aber du hast dem Leben auch nichts geschenkt und ihr seid quitt, du und das Leben. Du bist heute nur noch eine vertrocknete alte Kuh, voller Bitterkeit und Neid auf andere, die sowohl die Kontrolle über ihre Geschlechtsteile als auch über ihr Leben hatten. Es ist mir sowas von völlig scheißegal, ob du auf deiner 80er-Jahre-Couch die glücklichste Fernsehzuschauerin der Welt bist und es ist mir Wurstregal, ob dir mein Auto oder meine Urlaubsziele gefallen. Du bist der erste Mensch, den ich persönlich kenne, der zwar schon tot, aber noch nicht beerdigt ist. Was ist los mit dir? Wann hast du beim Rettungsring dicht danebengegriffen?"

Sie schaut mich entsetzt an: „Du bist betrunken."

„Mag sein – aber ich habe dich nie nüchterner gesehen", gebe ich zurück.

Sie springt auf, schnappt sich ihre Handtasche und verschwindet auf der Toilette. Ich nutze die Gelegenheit, packe Frau und Kinder zusammen, murmle dem Hochzeitspaar eine fadenscheinige Entschuldigung zu und haue in meinem protzigen rußpartikelgefilterten Ostseetaxi ab.

Viel später wurde ich gefragt, was ich eigentlich zu Tante Anke gesagt hätte, weil sie auf dem Klo unheimlich geheult und mich dann als „blödes Arschloch" bezeichnet habe.

Ich habe dann die Schultern gezuckt und gesagt: „Ich weiß es nicht mehr, aber ich schätze, es war die Wahrheit."

Die erste Freundin des Sohnes

„Man ist ja nur so alt, wie man sich fühlt", sagt der Volksmund. Meistens der Volksmund von alten Leuten. Gelegentlich wird diese Regel gebrochen, wenn man Schlüsselerlebnisse hat.

Mein Sohn beispielsweise, frisch aus der Pubertät raus, taucht eines Morgens an seinem Geburtstagsfrühstückstisch mit einem Mädchen auf, das Sarah heißt und die er als seine Freundin vorstellt. Nicht, dass da nicht schon früher mal das eine oder andere Girl über die heimische Haustürschwelle gestolpert wäre, aber noch nie hatte er einen Arm um eine der Uschis gelegt, geschweige denn als „Freundin" vorgestellt.

Mit Sarah scheint das jetzt anders zu sein. Und da sitzt Du dann da mit Deinen paarundvierzig Jahren und plötzlich wird Dir klar: Das könnte Deine Tochter sein. Und von einer Sekunde auf die andere bist Du nicht mehr „ThiloS, der Mann in den besten Jahren mit einem exquisiten Geschmack, weitgereist und weltgewandt, mehrsprachig und intellektuell", sondern einfach nur noch der alte fette Sack mit dem Haarausfall, der der Vater von dem jungen Schnösel da mit seinem Waschbrettbauch und der großen Fresse ist und den das junge Ding da normalerweise nicht mit dem Arsch angucken würde, aber jetzt muss, weil sie sich auf feindliches, nämlich MEIN Terrain gewagt hat.

Gut, er ist siebzehn, sie fünfzehn. Das ist vom Alter her okay, es soll ja Leute geben, die in diesem Alter schon freudig einer Entbindung entgegensehen. Bei dem Gedanken daran wird mir schlecht.

Eigentlich müsste ich sie fragen, ob sie ihren Kaba zum Frühstück warm oder heiß haben möchte und ob sie sich ein

Pony zum Geburtstag wünscht. Fünfzehn ist echt jung. Aus meiner Perspektive. Aus der meines Sohnes natürlich genau passend. Im Stillen danke ich dem Herrn, dass er sich keine Zwölfjährige geangelt hat.

Die Kernfrage lautet: Wie verhalte ich mich jetzt? Worüber redet man mit der ersten Freundin des Sohnes? Gebe ich den wohlmeinenden Patriarchen, kommt das zwar gut, lässt mich aber alt aussehen, was ich ja auch bin. Alternativ kann ich natürlich weltmännisch daherschwallen, dann wirke ich wie ein alter Angeber. Ich könnte aber auch lustige Anekdoten aus der Kindheit meines Sohnes erzählen („Weißt du noch, wie dir 2008 der Klodeckel auf den Pillermann gefallen ist?"), zumindest, wenn ich möchte, dass er sofort auszieht, nachdem er mich mit einem gezielten Faustschlag niedergestreckt hat. Ich kann sie aber auch ins Kreuzverhör nehmen – wo sie in die Schule geht, wie ihre Zukunftspläne aussehen, wie viele Kinder sie haben will, ob ihre Mutter weiß, was sie gerade macht und ob sie glaubt, meinen Sohn später ernähren zu können.

Ich könnte auch medizinische Ratschläge zur Empfängnisverhütung geben, aber wir sitzen am Frühstückstisch und außerdem gefällt mir die Vorstellung, dass die Frucht meiner Lenden sexuell aktiver als ich ist, so überhaupt nicht. Oder ich tu so, als sei sie Luft, einfach nicht vorhanden, so eine Art Geist. Es ist im Grunde egal, wie ich mich verhalte, denn entweder bin ich meinem Sohn oder mir peinlich.

Ich beginne die Konversation mit der sehr jungen Frau mit einem harmlosen „Möchtest du etwas Wurst?" und wedle ihr mit dem Wurstteller unter der Nase herum, worauf sie höflich „Nein danke" sagt und „Ich bin Vegetarierin".

Na klasse. Eine Vegetarierin. Jetzt schäme ich mich. Ich habe einer Vegetarierin Fleisch angeboten und mich als Unmensch geoutet. Als einer, „der Aas frisst". Während mein Sohn herzhaft beim Bacon zu den Frühstückseiern zugreift (wieso hat der so einen Appetit auf Eiweiß, he? Der hat keinen Appetit auf Eiweiß zu haben, das gehört sich nicht!), versuche ich mich in Schadensbegrenzung: „Oh, aus Überzeugung oder hat das medizinische Gründe?" Sie lächelt: „Nein, Überzeugung, wenn man die Welt ändern will, muss man zuerst sich ändern."

Danke.

Die will den Planeten retten und ich hätte gerne auch noch etwas von dem Bacon, den mein Ältester in sich hineinschaufelt und anscheinend überhaupt nicht mitbekommt, dass sein Erzeuger bereits nach dem zweiten Satz argumentativ an der Wand steht, nur weil er der Freundin Wurst angeboten hat.

Ich überlege, ihre Aussage mit der „Menschliche-Schwäche"– Nummer zu relativieren, man müsste ja wirklich mehr auf Fleisch verzichten, die Erzeugung eines Kilogramms Fleisch kostet ja auch 200 Liter Wasser (ein Burger also vier Wochen Duschen!) und wie umweltunverträglich das ist und bla, aber bevor ich diesen Satz rauslasse, erwische ich mich dabei, dass es mir hierbei anscheinend um die soziale Anerkennung durch die junge Rotzgöre da geht. Kann ja wohl nicht wahr sein. An diesem Tisch wird Fleisch gegessen, basta. Soll sie doch auf einem trockenen Brötchen herumkauen, mir doch egal.

Meine Gefährtin grinst mich von der Seite an. Sie steht darauf, mich verlegen zu sehen. Mein Ältester schmatzt, der Jüngste rettet die festgefahrene Situation mit dem Zwischenruf „Endlich bringt er mal eine Hübsche mit nach Hause!" und Sarah freut sich.

Sarahs Freund erwacht aus dem Koma. „Ich hab noch nie ein Mädchen mit nach Hause gebracht!" „Warum nicht?" fragt Sarah arglos. „Hier, wegen meinem Vaddä", er macht eine Kopfbewegung in meine Richtung, „der ist mein schärfster Konkurrent", sagt er und grinst wie ein Kühlergrill.

Entweder war das soeben ein nettes Kompliment oder eine Brüskierung. Ich bin mir noch nicht sicher. Wie ich meinen Sohn kenne, eher zweiteres.

„Stimmt", erwidere ich in Richtung Sarah. „Du bist die Erste, die er hierherbringt, und ich muss sagen: Er hat einen guten Geschmack." Und das meine ich ganz ernst.

„Siehste", sagt mein Sohn, „was sag ich? Keiner kann so schleimige Komplimente wie mein Vater machen!" Und Sarah sagt: „Wieso? Das war doch nett!", und ich werde von einer 15-Jährigen verteidigt. Großes Kino. Ich bin alt.

Nur mal kurz zwischendurch…

Da sitzt man da, ahnt nichts Böses, beschäftigt sich mit Dingen, die einem den Lebensunterhalt sichern oder für Kontemplation sorgen, vielleicht guckt man auch einfach irgendeine Serie. Warum? Weil man es kann.

Und dann schaut die Dame des Herzens um die Ecke und sagt: „Könntest du bitte mal kurz den Müll hinausbringen?"

Ja, könnte ich. Wenn ich wollte. „Müll hinausbringen" geht fix. Mülltüte aus dem Mülleimer nehmen, zügig Küche, Wohnzimmer und Flur durchqueren, Türe auf, in den Hof, zur Mülltonne, Mülltonne aufmachen, Müll hinein schmeißen, Mülltonne zumachen, vom Hof wieder in den Flur („Mach doch die Türe zu, die Katze rennt sonst raus!", brüllt der Älteste), Türe schließen, schnellen Schrittes zurück ins Wohnzimmer und auf die Couch. Müll draußen, Frau glücklich, weiter Fernsehen gucken.

Soviel zur Theorie.

In der Praxis hat sich gezeigt, dass die Frage „Könntest du mal kurz" ein veritabler Haken ist, an dem sich die Freizeit des Angesprochenen sehr fix und hinterfotzig aufknüpfen lässt.

Denn trüge ich nun den Müll hinaus, dann wäre dies ein untrügliches Zeichen dafür, dass ich nichts Besseres vorhätte, nichts Besseres zu tun hätte, also quasi „Freizeit" hätte und Freizeit ist böse.

Kaum säße ich nämlich wieder im Sessel, käme der nächste Kopf um die Ecke, um mir einen ganz kurzen Auftrag zu verpassen. Beispielsweise könnte ich „mal kurz" die Matheaufgaben meines Ältesten kontrollieren, der sich im

Moment mit Exponentialrechnungen beschäftigt und von denen ich ungefähr so viel Ahnung wie von Atomphysik habe, in die ich mich also erst einmal wieder hineinlesen müsste, anschließend dürfte ich „mal kurz" das Wohnzimmer saugen und dann „mal kurz" bei der Mittleren die Englischvokabeln abfragen, allerdings spreche ich Englisch fast so gut wie Deutsch und ich weiß, dass mir neben der Galle auch meine sämtlichen anderen Innereien hochkämen, hörte ich die Mittlere ihr Schulenglisch radebrechen und stottern.

Hätte ich nun den Müll herausgetragen, die Exponentialrechnung quasi neu erfunden, das Wohnzimmer gesaugt, die Mittlere Englisch abgehört, dann wären mal eben zwei Stunden weg. Zwei Stunden Lebenszeit, in denen ich genauso gut ein Mittel gegen Krebs in alkoholischer Form hätte erfinden oder eine Weltreligion hätte gründen können. Mein Genie quasi vergeudet hätte.

Und dann wäre ja noch nicht Schluss. Es gibt so viele Dinge, die ich „ganz kurz" mal erledigen könnte. Den Hof fegen. Oder die Glühbirne in der Gästetoilette austauschen. Oder den Keller aufräumen. Oderoderoderoderoder.

Eine ganze, endlos lange und flexible Schlange von kleinen Tätigkeiten, die mich endlose Zeit und Nerven kosten würde, denn zuerst müsste ich den Hofbesen aus dem Gerümpel im Keller suchen und die Sicherung im Gästeklo herausdrehen und eine Glühbirne und eine Trittleiter suchen (was meinen Sie, warum ich den Keller aufräumen muss?) undundund…

Das dauert. Das zieht sich.

Und immer dann, wenn ich dächte, ich hätte es jetzt hinter mir, dann wüchsen wie weiland Prometheus' Leber oder Sysiphos' Stein die Liste wie von selbst weiter an. „Kurze Aufgaben" sind die Hydra der Tätigkeiten. Erledigst Du einen Job, dann wachsen zwei neue Jobs nach. Denn „wenn man schon mal dabei ist…"

Die Dame meines Herzens fragt nach: „Hast du den Müll schon hinausgebracht?"

Nein. Hab ich nicht. Ich erfinde gerade ein Haarwuchsmittel oder schreibe einen nobelpreisverdächtigen Artikel und schaue dabei „Desperate Housewives" und hoffe, dass es diesmal im Mittagsprogramm eine pornographische Szene gibt. Ich kann den Müll nicht hinausbringen. Nicht jetzt, nicht später, nie. Es ist Müll. Er wird nicht flüchten. Ich kann das später noch tun. Wenn ich das möchte.

Im Augenwinkel sehe ich meine Frau mit der Mülltüte unter dem Arm an mir vorbeilaufen. „Was machst Du?" frage ich und ernte einen „Wonach sieht es denn aus?"-Blick, den ich so hasse.

„Ich hätte den Müll schon hinausgetragen", antworte ich trotzig. Sie sagt: „Bis du ihn hinausgebracht hättest, wäre er entweder wieder lebendig gewesen oder Gegenstand einer archäologischen Sensation in 500 Jahren geworden."

Stimmt. Vielleicht. Und außerdem wäre ich bis heute in die tiefe Nacht beschäftigt. Aber jetzt ist der Müll ja draußen.

Ich sage: „Was machst du jetzt" und sie sagt „Ich bin fertig und sehe nun fern", und ich frage, ob sie mir dann aus der Küche mal kurz ein Bier mitbringen kann. Sie sagt „Nein" und außerdem könne ich ihr mal kurz den Buckel herunterrutschen. Okay, sie formuliert es etwas weniger druckreif, aber der Sinn ist erkennbar.

Ich sehe schon… wenn man nicht ALLES selbst macht!

Steilküstenschmonzette

Meine Frau guckt gelegentlich die Pilcher-Filme (sie ist anglophil) – wegen der Landschaften natürlich.

Ist sowieso immer das Gleiche.

Eine Frau.

Sie heißt Vanessa oder Julia.

Sie hat sich scheiden lassen/ist Witwe geworden.

Sie hat natürlich ein niedliches Kind.

Nachdem sie ihre Beziehung IN LONDON sauber in den Sand gesetzt hat, kehrt sie zurück zu ihren Eltern in Cornwall, die zufällig ein Schloss an der Steilküste besitzen, nach Hallmackenreuther Castle.

Dort findet sie Trost bei ihrer Mutter, einer ehemaligen Herzogin, und bei ihrem Vater, einem pensionierten Major der englischen Streitkräfte und Mitglied des Oberhauses.

Dann wird das Pferd krank.

Ein Tierarzt kommt aus der Stadt, vorzugsweise aus LONDON.

Wie sich herausstellt, ist der Tierarzt Steven, ihr ehemaliger Jugendfreund.

Mit Steven hat sie früher nie so wirklich rummachen dürfen, weil Steven früher der Sohn des Gärtners war, der in einer schimmeligen Hütte am Ende der fünf Kilometer langen Hofauffahrt wohnte.

Was Vanessa oder Julia nicht weiß, ist, dass Ihre Eltern grausam pleite sind und das Schloss bald verkaufen müssen.

Vanessas oder Julias Eltern können natürlich Steve nach wie vor so gut leiden wie eine überraschenderweise leere Klopapierrolle nach dem Toilettengang.

Steven indes, der erfolgreiche, fesche Tierarzt, hat, während er seine Beziehung in LONDON noch nicht ganz sauber in den Sand gesetzt hat, in den letzten 25 Jahren erfolgreich an der BÖRSE spekuliert und IM LOTTO gewonnen und ist auf jeden Fall irre reich, aber das weiß keiner. Außer Steven.

Vanessa oder Julia macht mit Steven so ein wenig herum, sie quatschen über das Pferd und über die Vergangenheit und Vanessa oder Julia bemerkt, dass „da noch was ist".

Als Vanessa oder Julia beim Abendessen auffällt, dass es schon den fünften Abend in Folge nur Dosenravioli gibt, stellt sie ihren Vater zur Rede und der gibt zu: „Ja, mein Kind, ich bin pleite. Der Gärtner (Stevens Vater, wir erinnern uns) hat mir beschissene Aktientipps gegeben."

Vanessa oder Julia ist natürlich schwer entsetzt. Hat sie doch gehofft, von den Alten mal üppig zu erben oder sie wenigstens anzupumpen, weil sie selbst auf dem finanziellen Zahnfleisch geht. Jetzt ist es damit natürlich Essig. Ärgerlich.

Aber es kommt noch besser.

Während Vanessa oder Julia die Dosenravioli kurz, aber geräuschvoll erbricht („Bist du schwanger?", fragt die Mutter in übler Vorahnung), passiert es: Das niedliche kleine Kind bekommt von dem von Steven kurierten Pferd die Vorderzähne ausgeschlagen und blutet wie ein Schächtopfer.

Und wer ist der einzige Arzt in der Einöde von Hallmackenreuther Castle? Richtig: Steven!

Vanessa oder Julia rennt also mit dem blutenden Spross zu Steven, gemeinsam wachen sie am Bett des Kindes und kommen sich näher.

Der Mutter von Vanessa oder Julia bleibt dies natürlich nicht verborgen. Und sie nimmt sich Vanessa oder Julia zur

Mutterbrust. Da kann nichts sein, weil da nichts sein darf, denn (Hammerhammerhammer) Steven ist in Wirklichkeit zwar der Sohn des Gärtners, aber leider auch der Sohn von Vanessas oder Julias Mutter und die macht sich jetzt Sorgen, dass Vanessa oder Julia ein inzestuöses Kind unterm guten Herzen trägt.

Oh Gott.

Vanessa oder Julia ist natürlich furchtbar aufgeregt und entsetzt. Ja, wie konnte denn Muttern die Geburt verheimlichen? „Tja, das bleibt mein kleines Geheimnis", antwortet die Mutter.

Vanessa oder Julia ist geknickt wie ein Palmkätzchen nach einem Sommergewitter. So eine Scheixxe.

Vanessas oder Julias Vater bemerkt die Bedrückung seiner Tochter. Er trifft sie im Vestibül und führt sie auf die Veranda. Ihm ist nicht verborgen geblieben, dass Vanessa oder Julia Gefühle für Steven hegt. Und er nimmt an, dass Vanessa oder Julia deswegen traurig ist.

Und dann nimmt er sich Vanessa oder Julia zur Vaterbrust. Da kann nichts sein, weil da nichts sein darf, denn (Hammerhammerhammer) Steven ist in Wirklichkeit zwar der Sohn der Gärtnerin, aber leider auch der Sohn von Vanessas oder Julias Vater. Julia ist fassungslos und rennt in Richtung Klippen, um sich ganz kurz umzubringen.

Dabei wird sie fast von einer stinksauren Porschefahrerin überrollt. Wie sich herausstellt, kommt die gutaussehende, aber irgendwie fies wirkende Tussi aus LONDON und ist auf der Suche nach „Komm-Du-mir-mal-heim"-Steven.

Julia oder Vanessa weiß natürlich, wo Steven ist und dass sie ihren Halbbruder nicht heiraten kann. Deswegen führt

sie die Schlampe aus LONDON zu Steven. Dort hockt heute
zufällig der Gärtnervater. Der nimmt Julia oder Vanessa in
den Arm, weil er sie irgendwie schon als Kind immer wie
seine eigene Tochter behandelt hat.

Julia oder Vanessa kann natürlich nichts von dem düste-
ren Vögelgeheimnis ihrer Eltern verraten und stammelt was
von wegen LONDON und FREUNDIN und schadeschade-
schade.

Der alte Gärtner lächelt weise, während sich im Pferde-
stall nebenan Steven und die LONDONER Schnalle lautstark
voneinander trennen. Er brummelt etwas von „wie sein Vater" und wiegt bedächtig den Kopf. Julia oder Vanessa horcht
auf. Was weiß der verdammte Gärtner?

Und dann packt der Gärtner ob Julias oder Vanessas
Herzeleid aus:

Julia oder Vanessa ist in Wirklichkeit die Tochter des
Gärtners und seiner zweiten Cousine mütterlicherseits, während die Tussi aus LONDON die Tochter von Julias oder Vanessas Vater ist. Julias oder Vanessas Mutter hingegen ist
mitnichten ihre Mutter, sondern die Mutter der LONDON-
Schnalle. Dafür ist aber Steven der Sohn von Julias oder Vanessas Vater UND von Julias oder Vanessas Mutter, aber beide
wurden seinerzeit, wie er vor zehn Minuten erfahren hat, im
Krankenhaus in LONDON von Außerirdischen vertauscht
und zufällig hat er das heute erfahren und deswegen ist er
ja eigentlich da, um das mit Steven zu besprechen.

Rum und dumm, laberrhabarber, die beiden weihen die
LONDON-Tussi und Steven in die etwas komplizierten Familienverhältnisse ein und sie beschließen, den Eltern von Julia oder Vanessa mal kurz DIE WAHRHEIT zu erklären.

Alle wandern gemeinsam nach Hallmackenreuther Castle und nachdem Julias oder Vanessas Vater von einer Spontanexekution des alten Gärtners mit einem WKI-Karabiner abgehalten werden kann, eröffnet die fröhliche Gruppe der kompletten Vögelschar die schlimme Wahrheit. Und weil sie grade beim Gestehen sind: Julias oder Vanessas Kind ist mitnichten von ihrem Verflossenen aus LONDON, sondern von Steven, von damals, oben auf dem Heuschober, und sie ging eigentlich nur nach LONDON, um das Kind den Eltern zu verheimlichen. So war das. Julias oder Vanessas Eltern sind natürlich erleichtert, dass das Kind kein inzestuöser Bastard ist, nur die Schnalle aus LONDON ist sauer, weil Steven ihr seinerzeit erzählt hat, er sei schwul und habe noch nie etwas mit einer Frau gehabt und sie reist ab und ist raus.

Julias oder Vanessas Vater ist natürlich froh, dass zumindest die Familienverhältnisse jetzt klar sind, wenngleich sich just heute morgen die Eigentumsverhältnisse von Hallmackenreuther Castle dramatisch verändert haben: Irgendein Arschloch hat den Landsitz unter Wert ersteigert. So.

Und jetzt die finale Überraschung: Der alte Gärtner hat Hallmackenreuther Castle im Auftrag von Steven ersteigert und weil alle grade so gemütlich beisammen sitzen, beschließen sie, zu bleiben und dort ein Bordell zu eröffnen.

Schlussmusik, Abspann, BildvomKreidefelsenvonDover.

Und ich stell mir final zwei Fragen: a) Hat der alte Gärtner Julias oder Vanessas falschem Vater den Differenzbetrag noch draufbezahlt oder hat der Typ immer noch Schulden?

b) Warum zwingt mich meine Frau, mir so etwas anzusehen?

Frau Panneslowski und Silvester

Eine Silvesterparty zu planen, klingt zunächst einmal einfach: Man ruft Anfang Dezember einen guten Freund an und fragt, ob der Lust hat, zu kommen. Schön gemeinsam den Jahresausklang begehen, gemütlich und ohne großes Brimborium. Dann trifft man eine Bekannte, die fragt, was man denn an Silvester mache, weil SIE hätte noch nichts vor. Die lädt man dann ein, weil es traurig ist, wenn Bekannte an Silvester alleine dahocken. Dann trifft man beim Edeka ein befreundetes Pärchen, das einen zu Silvester einlädt, was aber nicht geht, da man selbst ja schon Gäste hat. Da stößt dann das befreundete Pärchen einfach dazu. Da kommt es dann auch nicht mehr drauf an. Dann ruft am 27. Dezember die Schwester mal kurz durch und fragt, ob man denn an Silvester schon etwas vorhätte, und man sagt brav: „Ja, wir haben ein paar Leute da". Und da sagt dann die Schwester, dass sie gerne auch kommt, wenn der Schwager sie nicht einlädt, was er aber jedes Jahr tut. Nur dieses Jahr, da ist die Einladung ausgeblieben.

„Sandra", sage ich, „Sandra, ihr könnt gerne kommen, sag einfach Bescheid!" Und Sandra verspricht, dass sie Bescheid sagt, weil sie das erst noch mit Thomas absprechen muss, ob der Lust hat, dass, wenn Dieter, der Schwager jetzt nicht einlädt, zu uns zu kommen, sie will das nicht über seinen Kopf entscheiden, aber ja, generell würde sie gerne kommen. Nach zwei Tagen rufe ich einmal an und frage, wie es denn aussieht, und Sandra meint, sie hätte mir doch gesagt, dass sie das erst mit Thomas besprechen müsse, aber sie wüsste jetzt noch nicht, ob Dieter was macht. Mein Vorschlag, sie möge doch Dieter einfach anrufen und fragen, wird mit dem Hinweis abgeschmettert, das bräuchte sie nicht, weil Dieter würde IMMER was machen und außerdem würde das auch komisch aussehen, wenn sie ihn fragt, aber sie gäbe Bescheid, das hätte sie mir auch schon gesagt, was sie mir ja auch schon gesagt hat.

Es wird der 30. und von Schwesterherz ist nichts zu hören und eigentlich müssten wir jetzt langsam einmal anfangen, einzukaufen, da wäre es prinzipiell gut, zu wissen, wie viele Leute so kommen. Also rufe ich Sandra an und frage, ob sie nun kommt. Sandra erklärt, dass sie gerne kommt, sogar mit Thomas, aber sie hätte jetzt noch nichts von Dieter gehört, weil Dieter eigentlich schon was macht, es sei denn, sein Schwager aus den USA käme kurz mal rüber, aber das wisse er noch nicht, weil, wenn der käme, dann müsse Dieter den vom Flughafen abholen und das würde spät und dann würde er nichts machen, was dann dazu führen würde, dass Sandra und Thomas zu uns kämen, Sandra würde dann auch ihr legendäres Mitternachtsgulasch kredenzen. Ich erkläre Sandra, dass ich einkaufen müsse, weil, wenn sie nicht käme, müsste ich das Mitternachtsgulasch machen, aber Sandra sagt mir noch einmal sehr eindringlich, dass ich das nicht bräuchte, da sie ja das Mitternachtsgulasch sowieso machen würde, ob sie nun käme oder nicht. Wenn sie käme. Und ich sollte nicht so ungeduldig sein.

Bin ich aber. Deswegen habe ich aufgelegt und Dieter angerufen und ihn gefragt, was er an Silvester macht. Dieter war überrascht, denn wir haben uns nur einmal an Sandras Hochzeit gesehen und das hat eigentlich uns beiden gereicht und er hat überhaupt nur rudimentär eine Ahnung, wer ich bin. Auch damit lebten wir beide bisher ganz gut. Der Dieter hat mir dann erklärt, dass er gerne an Silvester etwas macht und wir gerne kommen könnten, wenn er etwas mache, denn eigentlich mache er jedes Jahr etwas, nur dieses Jahr wüsste er es noch nicht, weil eventuell Klaus, der Bruder seiner Frau, der Sonja, aus den Staaten rüberkäme, aber er wisse noch nicht, ob das klappt, Klaus hätte sich da noch nicht geäußert, das wäre mehr so vage gewesen, aber wenn Klaus käme, könnte Dieter nichts machen, weil er den dann vom Flughafen abholen müsse. Ich frage, ob er Klaus nicht anrufen könne, aber wenigstens im Moment ginge das nicht, weil es in den Staaten irgendwie 28 Uhr zwoundfünfzig wäre und Klaus wahrscheinlich noch oder schon schliefe. Ich erkläre Dieter, dass es eigentlich an ihm hinge, ob Sandra und Thomas inklusive Mitternachtsgulaschsuppe zu mir kämen, weil, wenn er nichts machen würde, sie gerne kämen, ansonsten aber ihm den Vorzug geben würden. Dieter meint, dass ihn das ja eigentlich einen Scheißdreck angeht, ob ich meine Mitternachtsgulaschsuppe bekäme und setzt spöttisch hinzu, er könne mir ja die Telefonnummer von Klaus geben, dann könne ich ja bei Klaus nachfragen, was jetzt ist, und da ich gerne Planungssicherheit habe, bitte ich ihn um jene Telefonnummer, die er mir zu meiner Verblüffung auch gibt.

Also lege ich auf und rufe Klaus in Fairmont/Minnesota an. Eine sehr verschlafene Stimme meldet sich via Satellit aus Minnesota und sagt: „Hello, Schmitt here, what the fuck…". „Hallo", sage ich, „Schneider hier, Sie sprechen Deutsch?" „Was? Yeah, I do. Was ist los?" Und dann schildere ich ihm mein Problem, kumulierend darin, dass mein Silvestermitternachtsgulasch davon abhängt, ob er nach Deutschland kommt und wann. Wahrscheinlich hält mich Klaus für einen Irren, weiß aber den Atlantik und die US-Grenzsicherung zwischen mir und ihm und meint, das sei nicht so ganz klar, weil Cindy und er würden gerne fliegen, wüssten aber noch nicht, ob das Kindermädchen Zeit hätte, die würde sich erst noch melden und ich frage nach, wann er das wüsste und er meint, so in etwa fünf Stunden, wenn IN DEN USA ALLE EINIGERMAS-SEN WACH WÄREN! Leider habe ich nicht so lange Zeit und lasse mir die Handynummer von Alexandra geben, die irgendwo in Minnesota gerade schläft und die mir Klaus im Halbschlaf rausrückt.

Ich lege auf und rufe Alexandra an, die mitnichten schläft, sondern sich anscheinend in einer minnesotanischen Disko-thek befindet, denn sie brüllt mehrere Male „What? What?", bevor sie sich ohrenscheinlich vor die Türe begibt. Ich erkläre ihr in meinem radebrechenden Englisch, „that she has to go home now and sleep, because she should take care of Cindy's and Klaus' childs, because if she does not, Dieter hasn't to pick up Klaus at the airport in Frankfourt and makes what, and so my sister would rather like to visit Dieter than me, and if she is at him, I won't get my legendary Midnight-goulasch-soup from my sister and would have to cock it on my own. So would look it out!

Alexandra sagt „what" und scheint mein Problem nicht wirklich zu verstehen und hat wohl nur das Wort „Cock" ge-hört, meint aber, es gehe ihr eh nicht sonderlich gut und sie würde sich gerne ein Antigrippemittel aus der Apotheke holen, weil sie sich irgendwie „ill and sick" fühle und fragt MICH, ob ich eine Apotheke bei ihr in der Nähe wüsste. Ich verspreche ihr, das herauszufinden und zurückzurufen. Nach zehn Minuten habe ich eine Apotheke in Fairmont gefunden und schicke Alexandra per SMS die Daten, aber es dauert keine fünf Minuten, bis per WhatsApp die Nachricht zurückkommt, dass ich ihr eine Adresse aus Fairmont in North Carolina und nicht von Fairmont in Minnesota geschickt habe und sie keine Lust und keine Möglichkeit hat, die 1370 Meilen und 19 Stunden Fahrt wegen eines Anti-Grippemittels auf sich zu nehmen, damit ich zu meiner legendären schwesterlichen Mitternachtsgulaschsuppe komme. But she will ask the owner of the bar, Miss Panneslowski, if she would have one und I should wait so long. Sie würde sich shortly wieder melden.

Und so sitze ich jetzt seit einer Stunde da und warte, ob Frau Panneslowski aus Fairmont/Minnesota, die Eigentümerin des „Candy Club Pub'n'Grill" ein Grippemittel für Alexandra hat, damit ich an die legendäre Silvestermitternachtsgulaschsuppe von Sandra komme. Und denke darüber nach, wie Edward Lorenz auf die Chaostheorie kam. Und ich wette meinen fetten Arsch, er hat einfach ein befreundetes Ehepaar zu einer Silvesterfeier eingeladen. Ich such mir jetzt die Nummer von Frau Panneslowski raus.

Auf dem Land – wo das Leben noch in Unordnung ist

Neulich meinte die beste Lebensgefährtin von allen, wir könnten doch mal Ilse und Werner besuchen, weil wir die doch schon lange nicht mehr gesehen hätten (worüber ich persönlich jetzt nicht ganz unglücklich war) und das wäre doch toll und außerdem könnten wir doch da grillen. Das letzte Argument überzeugte mich und so fuhren wir zu Ilse und Werner auf das Land, denn Ilse und Werner wohnen in einem kleinen Ort, der so winzig ist, dass es nur eine Raiffeisenbank gibt, auf der man neben Aktien nach wie vor von Lehman Brothers und der Holzmann AG auch Viehfutter kaufen kann. Nicht einmal eine Sparkasse gibt es.

Blöderweise stammt auch die beste Lebensgefährtin von allen aus dem Ort und kennt da 100 Prozent aller Einwohner und ist mit 50 Prozent davon irgendwie verwandt, also war das quasi ein kombinierter Heimat-Verwandten-Besuch.

Nun, ich mag das Landleben. So aus der Stadt heraus. Wenn ich da nicht hinmuss. Da ist nichts. Bäume gibt es. Und Wiesen. Und Tiere. Kühe und so. Malerisch, aber leider sehr, sehr langweilig. Aufs Land kann ich immer noch. Wenn ich 100 bin oder so. Dachte ich.

Wir sitzen also bei Ilse und Werner auf der Veranda, unterhalten uns über dies und das und wann ich mein Buch herausbringen will (ich schätze, dann, wenn der Messias ein „jetzt wirklich sehr neues Testament" geschrieben hat) und es riecht lecker nach Steaks (Werner kennt den Metzger, den Bauer und die Kuh, von der sie kommen), ein leichter Wind gaukelt mit dem frischen Grün der Buchshecke und wiegt sanft die Rosen und die Bordüre der blau-weißen Markise, Ilse hat den Tisch mit Kerzchen und allerlei grünem Zeug aus eigenem Anbau gedeckt, es ist gemütlich und dann sagt die beste Lebensgefährtin diesen einen Satz, der mich gefühlte zwei Stunden Lebenszeit kosten wird: „Wir wollen ja auch irgendwann wieder aufs Land."

Das stimmt.

Aber nicht gleich morgen Mittag um 14.00 Uhr. Nur sagt sie das nicht dazu. Denn Werner meint, „unne beim Schmidtsepp" würde was frei. Ilse winkt ab. Das sei nichts, da gäbe es keinen Garten und die beste Lebensgefährtin wolle bestimmt einen Garten (diese nickt eifrig) und dann sagt Ilse, die Küppers Marie sei doch schon sehr alt, vielleicht sollten wir der ihr Häuschen abkaufen und mit Sitzrecht versehen, bis die Küppers Marie ins sanft wogende Gras beißt. Ich erfahre leider nicht ad hoc, ob der Vorschlag gut ist, denn die beste Lebensgefährtin ist sich etwas unsicher, wer Marie Küpper ist. „Ist das nicht die Oma vom Schlappes?", will sie wissen. Werner winkt ab. „Nein", sagt er, „die Oma vom Schlappes wohnt in der Feldstraße, das ist doch die Berninger." „Die, die früher den Schuhladen hatte, neben der Raiba", ergänzt Ilse.

Meine Gefährtin ist begeistert: „Ach ja, stimmt ja. Ich erinnere mich, weil ich doch mit dem Schlappes und der Schönen Sabine da immer nach der Schule hingegangen bin. Wohnt die noch hier?" „Werner nickt. „Ja, die hat den Bartl geheiratet und die haben zuerst in Hintermondhausen gewohnt und dann haben die hier gebaut, auf dem Grundstück vom Kronenwirt, als der das Wanderheim aufgegeben hat und ins Altersheim ist."

Es muss dieser Zeitpunkt gewesen sein, an dem ich mit dem Landleben abgeschlossen habe. Ich merkte, wie mir die Augen langsam zufielen, während mein Unterbewusstsein mit der Information versorgt wurde, dass der Vater vom Bartl einst mit dem geliehenen Corsa vom Hensbacher, der der Onkel von Schlappes ist, tödlich verunglückt ist, als er glaubte, physikalische Gesetze zum Thema „Fliehkraft in Kurven" gälten nur für andere, weswegen der Bartl ja Halbwaise gewesen wäre, wenn seine Mutter, die Filialleiterin vom Rewe im Nachbarort gewesen sei, nicht den Chorleiter vom Musikverein, den Dings, den, nasagmirsesliegtmiraufderzunge, den Brenneis, ja genau, den Walter Brenneis, den Meingottwalter, hihi, geheiratet hätte, nachdem es mit dem Bernd, den sie zuerst hatte, nicht geklappt habe, der wiederum später irgendeine von diesen Städterinnen geheiratet hätte, aber auch nicht lange, denn die wäre lesbisch gewesen, aber das hätte er erst gemerkt, als sie mit seiner Schwester, der Langen Silke, nach Südfrankreich durchgebrannt wäre, aber da hatte Bartls Mutter ja schon den Meingottwalter geheiratet, da war's natürlich nix mit der Hochzeit, deswegen ist der Meingottwalter jetzt der Stiefvater vom Bartl, aber der hat irgendwas mit der Psyche (der Meingottwalter, nicht der Bartl) und ist derzeit in der Geschlossenen in Hopfenheim, was ich, selbst im Dämmerschlaf, sehr gut verstehen kann. Wahrscheinlich war er bei Ilse und Werner eingeladen, aber ich bin bereits zu apathisch, um das nachzufragen.

Ich schrecke kurz hoch, als meine Hand in Ilses Knoblauchdip fällt, und erfahre bei vollem Bewusstsein, dass der Herbert (whoever he is) früher die Fischteiche im (und aus einem) Schlechten Grund hatte, bevor die unfreiwillige Feuerwehr Blödmannsdorf die Dinger leerpumpte, als der Kleine von der Miesner Charlotte mit dem Sven (Sven wer?) 2010 versehentlich beim „Feuerchen machen" einen halben Hektar Wald abfackelte, was überhaupt den zweiten Feuerwehreinsatz nach November 1994 verursachte, nachdem damals die Scheune vom Mauschler abgebrannt war und da kann einer sagen, was er will, das war damals nie und nimmer eine Fermentation, sondern eine warme Sanierung oder ein Racheakt, weil der Vater vom Mauschler angeblich den Veterinär vom Landratsamt bestochen hat, damit der sein Vieh bei der BSE-Prüfung übersieht und ich habe den leisen Verdacht, dass der komplette Ort das Vieh des Mauschlers seinerzeit gefressen hat, anders kann ich mir das nicht erklären. Was den Racheakt angeht, so könnte der auch von Oberförster Wittmann verübt worden sein, dessen Großvater seinerzeit den ersten NSDAP-Ortsverband gegründet hat, weil der Mauschler oder des Mauschlers Vater was mit der Frau von Oberförster Wittmann auf dem Schützenfest 1996 gehabt hätte (Werner weiß das so genau, weil er damals den Volvo neu gekauft hatte), wo damals der Josefa ihr Mann dem Pfarrer die Nase gebrochen hat, weil der zu seiner Tochter wohl etwas zu kinderlieb war…

Ich wache irgendwann auf, als meine Lebensgefährtin mir in die Seite stupst und meint, ich könne ja auch mal was sagen. Schlaftrunken, voll mit Pils der örtlichen Brauerei und noch benommen, äußere ich die Vermutung, Ilses und Werners Stammbaum könne ein Kreis sein, das sei auf dem Land nicht unüblich.

Und seit unserem dann etwas überhasteten Aufbruch habe ich Ilse und Werner und Hasenruh nicht mehr gesehen und werde daher auch nie erfahren, wo der Bartl jetzt eigentlich den Most holt. Ich vermute, er holt ihn aus dem Keller. Da, wo alle Leichen von Hasenruh liegen.

Der erste Freund der Tochter

Ich bin ja jetzt in einem Alter, in dem die Kinder in einem Alter sind, in dem ich war, als ich Vater wurde. Das kann einem schon Angst machen. Früher, wenn sonntags das Telefon geläutet hat und meine Frau dranging, dann ging der Dialog so: „Elke? Wo bist du? Geht es dir gut? Ja, natürlich holen wir dich ab. Nein, kein Problem. Dir geht's wirklich gut? Wir müssen nicht ins Krankenhaus oder zur Polizei? Ach... DA bist du. Ich dachte, du hast mit dem Schluss gem... Achso, hast du. Von gestern acht bis heute um zehn. Ja, nein, gar kein Problem. Ja, verstehe ich, das macht man zum Abschluss nochmal, für die Erinnerung. Papa holt dich gleich ab." Und, ich schwöre, bei Gott, selbst wenn es hier ein Erdbeben nebst Vulkanausbruch beim Einmarsch der Russen gegeben hätte – ich hätte mich ins Auto gesetzt und wäre losgefahren. Es geht schließlich um meine Tochter.

Etwas später musste ich sie gar nicht mehr abholen. Da wurde sie gebracht. Eines Morgens, von einem jungen Mann. Bärtig, mit so einem umgedrehten Baseballkäppi. Ich weiß es deshalb so genau, weil er mit seinem Zweier-Gebraucht-BMW die Mülltonne in der Einfahrt umgefahren hat. Da steht sie dann vor uns in der Wohnzimmertüre mit einem Typen, den sie „Micky" nennt. „Micky". Wie die Maus. Und sie sagt, „Das ist Micky, von dem ich euch schon erzählt habe". Kann sein, dass sie das hat. Aber mich hat das nicht weiter interessiert. Ich dachte, Typen, die Micky heißen, muss ich für meine Tochter nicht ernstnehmen. Die Mickys der Welt fragen normalerweise: „Für hier oder zum Mitnehmen?", und ich ging davon aus, meine Tochter zu einer Frau erzogen zu haben, die sich ihren künftigen Ehemann und Vater meiner Enkel aus einem Pool von Jungs mit der Namensendung „-an" aussucht. Also, Maximili-an, Flori-an, Mari-an, Adri-an und, wenn es unbedingt hätte sein müssen, sogar Stef-an. Und sie kommt mit der Micky-Maus.

Vielleicht liegt es an meinen Vorurteilen. Vielleicht liegt es daran, dass es meine Tochter ist. Ich habe den Typen von der ersten Sekunde an gehasst. Schon wegen der Mülltonne. Und wegen des Fusselbarts. Der hat ausgesehen wie der Praktikant in einem IS-Terrorausbildungslager. Und dann dreht der den Kopf und hat nicht nur einen, sondern zwei Ohrringe. Als ob einer nicht schon peinlich genug wäre. Und ein Tattoo spitzt aus seinem Unterhemd. Anscheinend das Ende einer Schlange, die aus der Stelle unter seinem Adamsapfel kriecht. Ganz super. Der Beschäler meiner Prinzessin hält sich für einen Wikinger. Mit Baseballkäppi.

Micky sieht mich an, ich sehe Micky an. Fünf Sekunden. LANGE fünf Sekunden. Und ich bemerke das Aufflackern von Angst in seinen Augen. Zu Recht. Dieser Versager vögelt meine Prinzessin. Er muss sterben. Micky-Maus will fliehen, er hat es angeblich eilig, aber meine Tochter nötigt ihn an unseren halbleergegessenen Frühstückstisch. „Hallo Micky", sagt die Angetraute. „Tasse Kaffee?", fragt sie, und Mickys unruhiger Blick flackert zwischen ihr und mir hin und her. Feigling. Er ist auf feindlichem Territorium und er weiß es. Er setzt sich, meine Tochter sitzt nebendran und versucht, das Bürschchen zu beruhigen, indem sie seine Hand stärker knetet als die Physiotherapeutin von Roger Federer.

„Ehm, ja, nein, doch, na gut, eine Tasse vielleicht… Ich will keine Umstände machen…", sagt er hastig. Entscheidungsschwach ist er auch noch, die Memme. „Zu spät", denke ich mir, „du kleiner Scheißer. Ist schon passiert. Und wenn du meiner Tochter andere Umstände machst, wird mein Enkel als Halbwaise aufwachsen. Ich schwöre es." Natürlich sage ich ihm das nicht. Ich fixiere ihn nur. Er kann es auch so in meinen Augen lesen. Meine Frau schenkt ihm ein und ich sage vorwurfsvoll: „Er wollte doch keinen. Er will doch wieder weg..." „Ach Papa", blökt meine Tochter dazwischen, „mach Dich mal locker...". Ich BIN locker, mein Baby. Ich werde diese Pfeife ungespitzt in den Boden rammen.

„Sagen Sie... MICKY... Was machen Sie beruflich?", frage ich ihn im kalten Gestapo-Verhörton. Micky öffnet den Mund wie ein Fisch und will was sagen. Aber meine Tochter ist schneller. „Micky studiert Mikrobiologie und geht nächstes Jahr nach an die Uni Stockholm als wissenschaftlicher Assistent", erklärt sie.

Biologie also. Ja, ne, is klaaaa. „Anatomie des weiblichen Geschlechts unter Zufuhr von Alkohol und Schwarzlicht" oder was? Ich kenne die Typen. Nix auf der Naht, aber flinke Fingerchen...

„Biologie also...", echoe ich, „und in welcher Welt verdient man damit Geld? Im Bioladen oder der Feinkostabteilung von Edeka?" Micky, die Biosau, gestattet sich ein Lächeln. „Nein, wir betreiben Grundlagenforschung. Wir entschlüsseln das menschliche Genom und versuchen so, Krankheiten zu heilen oder festzustellen, wie wir beispielsweise Krebs oder ALZHEIMER (und da nimmt mich der Arsch genau ins Visier) heilen können..." Genome entschlüsseln. Schwachsinn. Du willst an die Gene meiner Familie, mein „Freund", das ist alles!

„Und wer zahlt dafür? Natürlich die Pharmaindustrie und dann der kleine Verbraucher", werfe ich ihm verächtlich zu, diesem kleinen Handlanger der Pharmamafia, diesem Schaumschläger der DNA, diesem Schergen der Gesundheitsindustrie!

„Papa", sagt meine Tochter vorwurfsvoll, „beruhige dich. Micky ist schwul. Da läuft nix.", outet sie ihn. Und ich fürchte, man hat den Stoßseufzer meiner Erleichterung laut hören können. Schwul also. „Oh, dann tut es mir leid, dass ich Sie so hart angegangen bin", entschuldige ich mich.

„Und warum bringt er dich dann heim?", will ich von meiner Tochter wissen. „Weil ich einen neuen Freund habe, der heute Morgen aber schon zu seinem Vater musste, um ihm im Laden zu helfen."

Sonntags? Was für ein Laden soll das sein? „Ich hoffe für uns beide, er hat einen Namen, der auf -AN endet", gebe ich verdrießlich zurück.

Meine Tochter lächelt mich an. „Ja, kein Problem, tut er. Er heißt Gökhan..."

Die wirklich sowas von allerletzten Worte

Liebe anwesende Trauergäste: Ich freue mich wirklich und aufrichtig, dass Ihr heute zu meiner Beerdigung erschienen seid. Ihr habt es sicher schon erraten: Wenn Ihr diesen Videoclip seht, dann bin ich wahrscheinlich schon unter der Erde, auf jeden Fall aber tot. Oder, für die Esoteriker unter Euch – Hilde, Du darfst Dich jetzt angesprochen fühlen – „hinübergegangen", wie es so schön dämlich heißt.

Über Tote darf man ja bekanntlich nichts Schlechtes sagen – über Lebende dürfen die Toten sicher mal was sagen. Und deswegen, gerade weil dies meine letzte Gelegenheit dazu ist, werde ich Euch versammelter Mannschaft einmal ein paar Dinge stecken. Denn in die Hölle kann ich gar nicht mehr kommen – ich war ja dank Euch schon dort. Wer sich also vor unangenehmen Wahrheiten fürchtet, darf jetzt auch den Raum verlassen.

Man sagt, wenn ein Mensch stirbt, dann bleibt so viel ungesagt – aber nicht bei mir!

Ich fange der Einfachheit halber mit Gerhard an:

Gerhard, mein lieber Geschäftspartner, Du magst es glauben oder nicht: Natürlich ist mir aufgefallen, dass Du mehr als einmal herzhaft in die Firmenkasse gegriffen hast, um Deine Spielschulden zu begleichen. Ich verzeihe Dir. Ob Dir aber die Steuerfahndung verzeiht, der ich in einem Anfall von bedauerlicher Schwäche Deine seltsamen Transaktionen auf Schweizer Nummernkonten mitgeteilt habe, vermag ich nicht zu sagen. Ich wünsche mir allerdings sehr, dass sie es nicht tut.

Dir, liebe Schwester Hilde, möchte ich hier und heute gestehen, dass die „Original-Erde vom Golgatha", die ich Dir für teuer Geld aus Israel mitgebracht habe, in Wahrheit von der Baustelle an der Ausfahrt Wuppertal von der A1 stammt, ich konnte einfach der Versuchung nicht widerstehen, Dir für 150 Euro sprichwörtlichen Dreck anzudrehen und „ja", ich habe sehr über Deine Einfalt gelacht, so innerlich. Immerhin weißt Du jetzt, warum Deine Aura nach wie vor flackert. Ich nenne dieses imaginäre Phänomen „Deppenstroboskop".

Was nun meinen „lieben" Neffen Kevin, diesen ungezogenen, schlechtgekleideten Rotzlöffel, dessen Taufpate ich bedauerlicherweise bin, pardon, „war", angeht: Hör' auf mit den Drogen, da liegt kein Segen drauf. Dein Vater ist daran zu Recht gestorben und falls Du nun zweifelnd zu Herbert rüberschielst – ich rede von Deinem Vater und nicht von dem Mann, den Du dafür hältst. Viel Spaß beim Nachforschen wünsche ich Dir!

Apropos Herbert: Du bist der Glückspilz unter den Anwesenden – denn Du musst nun die schätzungsweise zweitausend Darlehen, um die Du mich im Laufe der Zeit angepumpt hast, um Deine diversen Ladys auszuhalten, nicht mehr an mich zurückzahlen. Allerdings: Vielleicht interessiert sich ja die Polizei für ein mögliches Mordmotiv an mir.

Lisa, meine liebe Nichte: Dir wünsche ich alles Gute auf Erden und den Mut, Herbert und Inge endlich zu gestehen, dass sie sich die Sache mit den Enkeln in die Haare schmieren können, weil Du lesbisch bist. Zumindest hast Du mir in dem Pornofilm, der mir durch Zufall in die Hände fiel, sehr danach ausgesehen.

82

An dieser Stelle möchte ich bemerken, dass es mir sehr angenehm auffällt, dass sich Eure ohnehin geheuchelte Trauer mittlerweile doch ziemlich in Grenzen halten dürfte.

Weiter im Text und kommen wir zu meinem Bruder Alfred: Falls Du es nicht wissen solltest – und ich bin sicher, Du hast nicht den Hauch einer Ahnung – ich habe mit Deiner Frau geschlafen. Mehrmals. Das war nicht besonders aufregend, weil sie doch ziemlich frigide ist, damit hast Du recht gehabt, ich habe es eigentlich nur getan, um Dich zu ärgern und weil ich auf große Brüste stehe. Und weil Du Dich immer für superklug und megaclever gehalten hast. Das war mir wirklich Befriedigung genug.

In diesem Zusammenhang, liebe Inge, Deine Lamentos über Alfreds Impotenz haben mich mehr als einmal gelangweilt, ich kann Dir aus sehr sicherer Quelle berichten, dass die Damen im „Club Cherie d'amour" da völlig anderer Meinung sind. Vielleicht liegt es ja doch an Dir. Wahrscheinlich sogar.

Abschließend möchte ich bemerken, dass es bei solch einer Verwandtschaft wie der Euren eine wahre Wohltat war, abzutreten. Ich möchte mich bei Euch dafür bedanken, dass Ihr es mir so leicht gemacht habt, Euch zu verachten, der Tod ist in Eurem Falle Eurer elenden Heuchelei, Eurer abgrundtiefen Dummheit und grenzenlosen Einfalt vorzuziehen und ich bitte Euch höflich, Eure verdammten Kränze wieder mit nach Hause zu nehmen. Ihr könnt im Advent ja vier lustige Kerzen darauf stecken oder sie als Siegerkranz um den Hals Eures Lieblingshaustieres hängen. Denn ich kann darauf verzichten.

Zu erben – nur, falls sich da irgendjemand Hoffnungen oder Illusionen gemacht haben sollte – gibt es natürlich nichts. Ich habe einen Großteil meines Geldes für Alkohol und Weiber ausgegeben und den Rest schlicht verballert und was noch übrig war, durfte ich meinem lieben Freund und Hausarzt, Dr. Habib Salim, dessen Fachkompetenz sich indirekt proportional zu seinen bewundernswerten Fähigkeiten als Bombenbauer und Terrorhelfer verhält, in den gierigen Rachen schieben.

Bedanken möchte ich mich zum Schluss noch bei Pfarrer Asmus, diesem ortsbekannten homosexuellen Päderasten, dass er diese Videoaufzeichnung, ohne sie vorher angesehen zu haben, auf meiner Beerdigung, die ja immerhin die letzte Party meines Lebens ist, ermöglicht hat.

In diesem Sinne rufe ich Euch ein gutgelauntes „Geht sterben, Pack" aus dem Jenseits zu. Man sieht sich! Oder hoffentlich auch nicht.

Die wirklich sowas von allerletzten Worte

Die Mittelschicht und ihre Partnerschaft

Der Partner, seine Aufzucht und Pflege

Jetzt, kurz nach Fasching, findet man sie wieder überall. Angebunden an Fahrradständer, Laternenmasten oder ausgesetzt an Autobahnraststätten: Partner, die keiner mehr haben möchte. Meist sind sie etwas zerlumpt, in den meisten Fällen frierend und ja, auch etwas depressiv.

Bevor Sie sich also einen Partner zulegen, muss die erste Frage lauten: Habe ich überhaupt einen Platz dafür? In meiner Wohnung und meinem Leben. Partner sind in der Regel sehr putzige Gesellen, mit denen man viel Spaß und Freude hat, wenn man ein paar einfache Grundregeln beachtet. Ansonsten können sie sehr schnell stressig und unangenehm und zu einem dauernden Ärgernis werden, über das sich schließlich Nachbarn und Vermieter beschweren.

Ein Partner braucht zuerst einmal Platz. Sie sollten in der Lage sein, ihm ein Bett, ein Fach im Kleiderschrank und ein Plätzchen im Badezimmerschrank zur Verfügung stellen zu können. Partner gehen zwar gerne auf die Couch, mit etwas Zureden und bei guter Erziehung setzen sie sich aber auch auf den Boden, wenn Sie dem Partner sein Lieblingskissen zur Verfügung stellen. Ein Partner im Bett ist immer eine individuelle Geschmackssache, der eine mag es, der andere nicht, aber wenn Sie einen hygienischen Partner haben, dann spricht nichts dagegen, ihn unter Ihre Decke zu lassen. Wichtig ist, dass Sie ihm seinen festen Platz zuweisen und ihm das auch erklären und beibringen können.

Der Partner benötigt nicht viel Nahrung, er lebt in der Regel von etwas Luft und viel Liebe und dem, was bei Ihnen vom Küchentisch abfällt. Als Flüssigkeit genügen bei den billigen Exemplaren Bier („Hefeweizen" ist bei den ganz Günstigen Grundnahrungsmittel! Obacht!) und Wein aus dem Tetrapack, die etwas Besseren bevorzugen schottischen Single Malt Whisky oder Martini oder trockene Weißweine. Füttern Sie ihren Partner zu sehr, dann wird er fett, kriegt Diabetes und dann bekommen Sie ihn auch nicht mehr vom Sofa herunter. Er vernachlässigt sich dann und beginnt zu schmutzen, was dann ein ständiges Ärgernis darstellt. Außerdem wird er faul und bräsig.

Ein Partner braucht nicht viel Auslauf, aber etwas Bewegung muss sein. Nehmen Sie ihn doch mal mit ins Kino oder in eine Kneipe. Dann wird er, wenn er gut erzogen ist, keinen Dreck machen und ein amüsanter Begleiter sein, mit dem es sich gut unterhalten lässt. Und die Rechnung übernehmen. Im Gegenzug dankt er Ihnen Ihre Behandlung, indem Sie ihn herzen und knuddeln dürfen, wie Sie möchten. Manche Partner bevorzugen lange Spaziergänge, was besonders im Winter oder bei Schmuddelwetter sehr lästig sein kann, wenn er es nicht gelernt hat, die Schuhe auszuziehen. Dann macht er Dreck in der Wohnung und versteht nicht, warum er ihn wieder beseitigen soll.

Gönnen Sie Ihrem Partner gelegentlich die Befriedigung seines Geschlechtstriebes. Versäumen Sie dies aus Desinteresse oder Fahrlässigkeit, dann neigt Ihr Partner dazu, sich ein anderes Herrchen oder Frauchen zu suchen oder sich anderweitig zu bedienen und Sie sind ihn los. Das geht „rubbeldiekatz" und ist besonders dann ärgerlich, wenn Sie viel Zeit und Geld in seine Erziehung und Pflege investiert haben, schlimmer noch, manche Partner tendieren dann sogar zu einer finanziellen Vernichtung ihres vorhergehenden Besitzers. Der Biologe nennt diesen Vorgang „Scheidung".

Achten Sie darauf, dass Sie, wenn Sie sich mehrere Partner gleicher oder unterschiedlicher Güte zulegen, diese stets strikt getrennt voneinander halten, da gleichgeschlechtliche Exemplare dazu neigen, ansonsten in Stress zu kommen und sich gegenseitig wegzubeißen. Das ist nicht gut und sorgt in der Regel für unschöne Aufgeregtheiten. Meistens werden dann einer oder sogar beide Partner sehr laut, was immer unangenehm für alle Beteiligten ist, schlimmstenfalls laufen Ihnen beide davon und Sie haben gar nichts mehr.

Sofern Sie in der Hege und Pflege der Partnerschaft keine allzu großen Fehler machen und öfter mal mit Ihrem Partner reden, dann erhalten Sie einen wunderbaren Gefährten, manchmal sogar bis an Ihr oder sein Lebensende, der mit Ihnen durch dick und dünn geht und Ihnen auch die sprichwörtliche Hand vor den Arsch hält, wenn es hart auf hart kommt. Aber etwas Beziehungsarbeit müssen Sie investieren, keine Frage.

Ausgewachsene und gut erzogene Exemplare werden für Sie und Ihren Nachwuchs sorgen und Ihnen den Lebensunterhalt sichern, wodurch Sie ihren eigentlichen Interessen nachgehen können. Allerdings sind diese Luxus-Exemplare sehr selten und scheu und benötigen viel Hingabe und Loyalität, da sie sonst dazu neigen, ihre Energie anderweitig zu fokussieren, was sehr ärgerlich sein kann.

Wenn Sie also ein geeignetes Exemplar gefunden haben, dann halten Sie es fest und geben Sie es nicht mehr her. Sollten Sie hingegen eine Niete gegriffen haben, die nicht Ihren Vorstellungen entspricht, dann werden Sie sie schnell wieder los, wenn Sie sie entweder einem Freund oder Bekannten vermitteln (falls er oder sie ein gebrauchtes Exemplar haben möchten) oder Sie erklären Ihrem Partner, dass Sie ja noch Freunde bleiben können, was in etwa das Pendant zum Einschläfern tollwütiger Haustiere ist. Töten dürfen Sie ihn aber nicht, dies ist leider gesetzlich verboten.

In diesem Sinne wünsche ich Ihnen eine erfolgreiche Suche und rasche Entscheidungsfindung, greifen Sie zu, solange der Vorrat reicht. Sie finden gute neue und auch gebrauchte Exemplare in jeder guten Autorenlesung oder Kunstausstellung, billige Partner für eine Nacht erhalten Sie bereits ab zwei Drinks in jeder Nachtbar. Waidmanns Heil!

Bettgeflüster

Der Tag war schön, aber lang und er war lang, aber schön. Deswegen liege ich um drölf Uhr nachts brav im Bettchen, die Frau des Herzens an meiner Seite, und habe nur einen einzigen Wunsch: Ich will schlafen. Ohne Doppeldeutigkeit. Augen zumachen, System auf „stand-by", nur noch das vegetative Nervensystem arbeiten lassen. Verdauen und atmen. Das soll es sein.

Isses aber nicht. Denn ich muss mitten in der Nacht kurz raus, weil a) mein vegetatives Nervensystem einen Job beendet hat und b) mich irgendetwas am Oberarm juckt. Also tu ich, was ein Mann tun muss und auch mit nur halboffenen Augen tun kann und steige zurück in den Hort der Ruhe. Doof ist es, wenn die Frau des Herzens einen leichten Schlaf hat. „Was machst du?", fragt sie und ich antworte brav „Ich war auf dem Klo" und schließe die Augen, um da weiter zu machen, wo ich aufgehört habe. Es ist absolut still im Zimmer.

„Du?" höre ich im Halbeinschlaf. „Duhu? Geht's dir gut?" „Hmm", brumme ich zurück, weil mir für „ja" die Kraft fehlt, und damit wäre das Thema für mich erledigt. Da bin ich aber der Einzige. „Duhu?", höre ich durch die Halle des Petersdomes, in der ich mich gerade befinde, „Duhu? Geht es dir WIRKLICH gut?" „Jagehtgut!"

Anscheinend ist die Antwort aber unbefriedigend. „Duhu? Was juckt dich? Du kratzt dich da am Arm..." Das hatte ich verdrängt, ich war gerade am Einschlafen und was mich juckte, juckte mich eigentlich schon nicht mehr, weil ich mich gekratzt hatte und gerade auf den Arc de Triomphe in Rom zulief. „Dahatmichwohletwasgestochen" seufze ich und lege ihr vorsichtshalber die Hand auf den Mund. Sie dreht den Kopf aus der Hand. „Duhu? Was hat dich denn gestochen?" will sie wissen.

Ich weiß es nicht. Ich will es auch nicht wissen. Ich will schlafen. Ich schaue morgen nach. Nicht jetzt. Vielleicht eine Mücke, vielleicht ein Floh, vielleicht die Gesamtsituation, keine Ahnung. Ich will schlafen. „Weißischnitt" brummle ich zurück.

Schweigen.

Etwa 30 Sekunden. Genau so lange, wie vom Arc de Triomphe links zur Hagia Sophia in Berlin abzubiegen.

„Duhuu? Woran denkst du gerade?"

Okay.

Der Fachausdruck lautet „Kriegserklärung".

Dann reden wir eben. Ich habe ja gerade nichts Besseres zu tun.

„Ich denke gerade daran, dass das Finanzamt von mir einen Haufen Geld haben will, von dem ich interessiert wäre, woher ich es nehmen soll. Ich denke daran, dass wir die „sichere Drittstaatenregelung" einführen oder alternativ für unsichere Drittstaaten eine Reisewarnung aussprechen sollten. Ich denke daran, dass trotz der derzeitigen Niedrigzinsphase meine Altersversorgung wegen der Inflation den Bach hinuntergehen wird und ich mir eigentlich eine vermietete Immobilie kaufen müsste, zu der ich durchaus das Eigenkapital hätte, wenn das Finanzamt auf meine Steuern verzichten würde, die es aber dazu braucht, mir später eine Grundhilfe und soziale Absicherung zu finanzieren, weil ja meine Altersversorgung von der Inflation und später dann von der Abgeltungssteuer aufgefressen wird, ich denke daran, dass ich, wenn ich einen handwerklichen Beruf gelernt hätte, morgen problemlos nach Österreich oder Polen auswandern könnte, weil ein Dachstuhl ein Dachstuhl ist und es völlig egal ist, wo er aufgestellt wird, aber da ich in der Finanzdienstleistungsbranche arbeite, eben nicht einfach auswandern kann, weil es in Österreich nicht das BGB gibt und in Großbritannien anglikanisches und nicht römisches Recht gilt und ich komplett umlernen müsste und dafür mit 50 Lenzen schon etwas zu alt bin, ganz abgesehen davon, dass ich keine Ahnung habe, was „Privathaftpflichtversicherung" auf Thai oder „Schadenersatzausfalldeckung" auf Polnisch oder „Unterversicherungsverzichtsklausel" auf Slowakisch heißt, ich also vulgo keine Chance habe, dieses wunderbare Fleckchen Erde hier als „schon immer hier Seiender" zu verlassen und irgendwo „neu hinzuzukommen", was ich ziemlich scheiße finde, da mir dieser Staat und seine Politik böse auf den Schweif gehen, ferner überlege ich, was mich wohl gestochen haben könnte, weil, es juckt wirklich wie Sau und ich könnte mir im Moment die Haut in Fetzen vom Oberarm kratzen und wenn das, mitten im Winter, wirklich eine Stechmücke gewesen wäre, sie ungefähr jetzt die Größe einer Amsel haben müsste, es mit Sicherheit auch kein Flohbiss ist, da ich keine Haustiere halte und Menschen mit Haustieren meide und ich außerdem dann, so habe ich es vorhin bei Wikipedia auf dem Klo gelesen, mehrere Stiche in einer Linie haben müsste, was ich aber nicht habe, es aber auch keine Zecke gewesen sein kann, da ich freie Natur eigentlich nach Möglichkeit meide, was dazu führt, dass ich Übergewicht habe, was mich andererseits wiederum vielleicht sterben lässt, bevor mir das Geld aus der Rente komplett ausgegangen ist, womit sich wieder der Kreis zum Finanzamt und meinem erbärmlichen Kontostand schließt und zu einer tiefsitzenden Unzufriedenheit mit der Gesamtsituation führt, die mir den Schlaf raubt. Außerdem muss ich, glaube ich, schon wieder pinkeln, weil mir deine Hand auf die Blase drückt. So sieht das aus. Weitere Fragen?"

Die Antwort ist ein tiefes Schnarchen. Sie ist eingeschlafen. Wahrscheinlich läuft sie gerade von der Hagia Sophia zum Big Ben in Wien. Aber sie hat ja auch eine Gutenachtgeschichte bekommen. Sie hat es gut. Sie kann schlafen.

Ich nicht. Ich bin so wach wie ein Solartaschenrechner im Hochsommer. Ich gehe raus auf die Loggia, zünde mir eine Zigarette an und schreibe mir meine Schlaflosigkeit von der Ssssss... wrkskrftl

Frühstück bei Thilo

Es ist zwar kein früher Morgen mehr, aber immerhin ein Morgen und ich sitze mit der besten Gefährtin von allen an einem – zumindest meiner Meinung nach – reich gedeckten Frühstückstisch auf dem Balkon. Die Sonne lacht, das Wetter ist sommerlich, die Vögel haben mit ihrem Gesang die besoffenen Sänger der Nacht abgelöst. Es stehen da mehrere Marmeladen, etwas Wurst und Käse, eine Müsli-Packung und frische Milch aus dem Tetrapack (1,5% Fett, pasteurisiert, homogenisiert, vaporisiert, entgiftet, entschlackt und enttäuscht), lecker Kaffee aus sowas von unfairem Handel (vom Anbau wollen wir gar nicht reden, aber war im Sonderangebot), etwas frisches Gemüse vom gestrigen Abendessen (muss weg, muss weg, das Zeug) und auch nicht mehr ganz so frisch gepresster Orangensaft, Limonade, Wasser und Cola. Light. Ich trinke so etwas zum Frühstück. Abgerundet wird dieser reich gedeckte Gabentisch von allem, was der Discounter beschert, von Eiern, deren Mütter definitiv nicht glücklich waren. Ich hatte schon schlechtere Hotelfrühstücke. Und Lachs. Lachs haben wir auch. Wegen der Eier. Das schmeckt klasse in der Kombi.

Ich schmiere mir also verträumt mein Frühstücksbrötchen (voll mit Gluten, Weizen, Spuren von Nüssen und allem anderen Kram, der Allergiker sofort tot umfallen lässt) mit etwas Margarine (ist gesünder als Butter) und überlege dabei, ob es die CSU tatsächlich wagen wird, mit den Grün*Innen in Bayern zu koalieren, weswegen ich sofort aus der CSU austreten würde, wenn ich drin wäre, als mich die beste Gefährtin unvermittelt fragt: „Wo ist denn die Marmelade?"

Ich schaue auf den Tisch. Da stehen vier Marmeladen. „Da stehen vier Marmeladen", antworte ich also brav und schmiere weiter an meinem Brötchen. „Die meine ich nicht", sagt die beste Gefährtin, „ich meine die andere Marmelade!". Gut, Söder und die Grünen müssen warten. „Welche andere Marmelade, da sind vier Stück?!" Die beste Gefährtin schiebt den Brotkorb weg, um sich freies Sichtfeld zu schaffen. „Ich meine die mit den Früchten drin", sagt sie. „Die Blaue!", ergänzt sie. Ich bin leicht verwirrt. „Wir hatten blaue Marmelade?", frage ich leicht verwirrt. „Mehr so violett. Mit Brombeeren!", erklärt sie zurück. Ich denke nach. Eine blaue, mehr so violette Marmelade mit Brombeeren. Ich kann mich beim besten Willen nicht erinnern, jemals eine solche Marmelade gesehen zu haben, außer 1974 von Zentis oder Schwartau bei meinem Cousin, aber da war ich sieben Jahre alt und er noch am Leben. Ich weiß davon nichts. „Keine Ahnung", stelle ich korrekterweise fest.

Ich nehme mir etwas Wurst und lege die Scheiben auf das gemargarinierte Brötchen und widme mich geistig wieder demokratischen Mehrheitsverhältnissen.

„Wir hatten noch welche, ich bin sicher!", reißt mich die Gefährtin aus den Gedanken, „ich hatte die letzte Woche extra gekauft!" „Soll ich noch einmal im Frühstücksschrank nachsehen?", biete ich an. „Nein, lass, ich geh schon.", gibt sie zurück, steht auf und verschwindet um die Ecke in der Küche. Das Klappern einer Schranktüre ist zu hören und wie diverse Gegenstände auf den Holzregalen verschoben werden, ohne dass sie angehoben werden. Leise höre ich die Dame meines Herzens mit sich reden. „Die muss doch da sein, ich hab die doch ... Das gibt's doch nicht ...", brummelt sie. Dann wieder das Klappern der Schranktüre und das Schmatzen einer sich öffnenden Kühlschranktüre. „Hast du die vielleicht in den Kühlschrank geräumt?", begleitet die Gefährtin ihr akustisches Suchprogramm. „Nein", brülle ich zurück, „sicher nicht!" Schabende Geräusche, diesmal werden Gläser über Glas gezogen. „Der räumt ja nie was weg", beschwert sich die Jäger- und Sammlerin eher bei sich als bei mir. Dann wieder das Schmatzen der Kühlschranktür, anscheinend hat sie die Suche im Kühlschrank jetzt beendet. Ich höre ihre Flip-Flops, dann erscheint sie wieder um die Ecke und setzt sich frustriert und nachdenklich wieder hin. „Die MUSS da sein...", verkündet sie, als würde sie gerade einen Suchroboter über das Wrack der Titanic ziehen. Ich habe eine Brötchenhälfte fertig und nehme die nächste Hälfte in Angriff. „Nimm doch eine andere Marmelade.", schlage ich ihr vor und präsentiere mit der Hand die vier hübschen Marmeladen in unterschiedlichen Geschmacksrichtungen, von Kokos-Feige über Himbeer-Amaretto und Kaktus-Apfel bis zu Kirsch-Zimt-Sperrholz-Styropor.

Die Gefährtin sieht mich an, als hätte ich ihr den Vorschlag gemacht, ihre Töchter an ein arabisches Freudenhaus zu verkaufen. „Ich will aber die Blaue haben.", sagt sie trotzig. „Aber da ist keine blaue Marmelade", stelle ich ebenso trotzig zurück fest. Die Gefährtin seufzt, schnappt sich eine Brötchenhälfte, steckt das Messer in die Margarine und lässt dann beides sinken. „Wo könnte die sein?", denkt sie laut nach. „Ich weiß es nicht.", gebe ich wahrheitsgemäß zurück und tauche ebenfalls mein Messer in die Margarine. Die Gefährtin drückt die Lippen zusammen: „Du weißt ja nie was!"

Okay, kann sein, vielleicht weiß ich ja wirklich nie was. Im speziellen Fall ist mir das auch verdammt egal, denn es stehen vier Marmeladen auf dem Tisch. Neben all den anderen Leckereien. Da interessiert es mich auch nicht, wo eine obskure blaue Marmelade abgeblieben sein soll. Sie wird auftauchen oder auch nicht. Davon wird die Welt nicht untergehen und das wird auch keine Koalition von CSU und Grünen verhindern. Es ist eine verdammte blaue Marmelade, die eben irgendwo ist. So what? Ich formuliere geistig eine schneidende Antwort, als der nächste Pfeil fliegt: „Hast DU sie gegessen?", will die Gefährtin des Grauens wissen. Ich bin zu perplex und noch mit meiner schlagfertigen ersten Antwort beschäftigt, um sie zu bestätigen oder zu verneinen. Und außerdem ist sie in Fahrt. „Du hättest wenigstens fragen können", stellt sie enttäuscht fest.

„ICH HAB DIE VERDAMMTE MARMELADE NICHT GEFRESSEN UND SELBST WENN, DANN STÜNDE MIR DAS ZU!", brülle ich zornig zurück.

Sie ist schnippisch. „Na, wenn du meinst. Erst weißt du nicht, wo du sie hingeräumt hast und dann hast du sie gegessen, ohne an mich zu denken", schließt sie ihre Beweisführung ab. Dass sie nicht noch ein „Du Schwein" hintendranhängt, verdanke ich nur dem Umstand, dass sie sich jetzt eine andere Marmelade nimmt, den Deckel abschraubt und „plopp" vor einem Glas mit blauer, mehr so violetter Marmelade sitzt.

Ich setze meinen „Aha, ich bin unschuldig, was habe ich Dir gesagt"-Blick auf und schaue sie mit verschränkten Armen an. „Ach", sagt sie, „da war nur der falsche Deckel drauf, dann kann ich ja lange suchen…" Sie lächelt mich entwaffnend an. „Entschuldige", sagt sie und wirft mir eine Kusshand zu.

Ich widme mich wieder meinem Brötchen und meiner Betrachtung der Mehrheitsverhältnisse im Maximilianeum. Die beste Gefährtin schmiert sich ihr Brötchen mit der mehr so violetten Marmelade und seufzt und macht: „Hmm." „Was ist jetzt schon wieder nicht in Ordnung?", will ich wissen. Die Gefährtin sieht mich eine Spur zu lange an: „Wenn der Deckel von der Kaktus-Apfel-Marmelade auf dieser Marmelade ist – wo ist dann die Kaktus-Apfel-Marmelade?"

Ich springe schreiend auf und verlasse den Balkon, die Wohnung, das Haus, die Stadt, das Land und den Planeten. Ich habe die Kaktus-Apfel-Marmelade gegessen. Ganz alleine. Ohne zu fragen. Ich kann mich da nie wieder blicken lassen …

Leider doof

Ich hätte es sein lassen sollen. Es konnte vom Grunde her nur schief gehen. Aber Marleen hat es provoziert. Ich bin also nur halb schuld, quasi und manchmal muss man einfach auch mal etwas stehen lassen, aber ich konnt's nicht lassen. Ist vielleicht auch so ein Charakterding.

Marleen meinte, humanistische Sterbehilfe sollte legalisiert werden. Und ich konnte mir die Frage nicht verkneifen, ob dann die Sterbenden Latein und Altgriechisch lernen sollten, damit sie mit dem Fährmann über den Styx plaudern könnten. Sie sah mich kurz an und meinte, ich sei ein Klugscheißer, was ich nicht von der Hand weisen kann, weil ich im Sternzeichen der Jungfrau geboren bin. Auf jeden Fall unterstellte sie, ich hielte mich wohl für besonders schlau, was ich ihr bestätigte. Worauf sie sagte: „Beweise es!"

Und so kam es, dass wir beide die kostenlose „Ermittle Deinen IQ"-App auf die jeweiligen Smartphones luden und auf „Auf die Plätze, fertig, los!" anfingen, unsere Intelligenz zu testen…

Die ersten paar Fragen waren simpel. Zahlenreihen vervollständigen. 3 – 5 – 8 – 13 ?

Das wusste ich. Dann 4 – 9 – 16 – 25 ? Bitte! Quadratzahlen. Wie simpel! Kindergarten. Und dann, plötzlich: 6 – 4 – 76 – 45?

Tja.

Keine Ahnung.

Das sah jetzt etwas willkürlich aus, hu?

Ich habe dann geraten. Und dann sollte ich plötzlich Formen ergänzen. Dreiecke, Vierecke, Linien, Tangenten,

Parabeln, Parallelen, Gaußsche Kurven. Und ich hatte keinen Schimmer. Es war furchtbar.

Danach Würfel. Wie faltet sich ein Würfel, wie eine viereckige Pyramide? Und selbst wenn ich das noch schaffte: Beim 16-Eck war da Sense. „Bei welcher Frage bist du?", fragte Marleen dazwischen. Und ich knurrte irgendwas und sie verkündete „Ich bin bei 26" und ich war erst bei 22 und hatte neben dem Lösungsdruck jetzt auch noch den Zeitdruck, von Marleen in der Geschwindigkeit abgehängt zu werden. Weil es unmöglich war, dass jemand, der von „humanistischer Sterbehilfe" spricht, einen IQ-Test schneller oder, schlimmer, besser als ich absolvierte.

Ich bin in Drucksituationen normalerweise recht gut, aber hier ging es um nichts weniger als meine Ehre und ich wollte ja nicht dümmer als Marleen sein und hätte mich nie mehr lustig machen und ein klugscheißerischer Arsch sein dürfen. Das ging nicht.

Konzentration.

Aus Richtung Marleen kam ein „Uff" und ich sah aus den Augenwinkeln, wie sie die Augen weitete und eine Schnute zog. Sie musste weiter als 26 sein und ich riet die 22, die 23 und dann bis hoch zur 27. Das war knackig. Vier Symbole, die in einem Dreieck angeordnet waren, das wiederum Teil eines 16-Ecks war, aus dem zwei Sektoren zu ergänzen waren. Und hier hatte ich fertig. Keine Chance. Zu doof. Ich war am Ende. Die vorgeschlagenen Lösungen waren samt und sonders sinnlos. Und dann kam mir der Gedanke, dass das vielleicht Absicht war und der Lösungsansatz möglicherweise im Verzicht darauf lag, überhaupt eine Lösung anzukreuzen. Dass man einfach auch einmal etwas nur für sich stehen lassen können sollte. So eine Art Test für emotionale Intelligenz, gewissermaßen.

Und ich drückte auf „weiter" und verkündete strahlend „Fertig!", in der stillen und sicheren Gewissheit, Marleen geschlagen zu haben und auf der rechten Seite der Gaußschen Kurve der Normalverteilung zu landen. Marleen trötete „Ich auch" und dann lief die Auswertung.

Ein kleines Diplomformular mit der Überschrift „Herzlichen Glückwunsch" erschien, darunter in Fettdruck die Zahl „84" und die Bemerkung „11,9% der Weltbevölkerung haben einen niedrigeren IQ"

Das war toll. Ich gehörte zu den dümmsten 12% der Weltbevölkerung. Marleen schlug vor, „auf drei" die Handys herumzudrehen und uns unsere Ergebnisse zu zeigen und ich war nicht mehr sicher, überhaupt auf drei zählen zu können... Also

Einz... Swei... Drey

... und auf Marleens Samsung war deutlich die Zahl 84 zu sehen. Sie ist also nachweislich debil. Wie ich auch. Wir passen wunderbar zusammen. Wir sind doof. Wir können uns trösten, kumuliert Mensa-Kandidaten zu sein. Aber wir können nicht ohneeinander leben. Nicht einmal alleine Schuhe zubinden. Oder humanistisch sterben gehen.

„Ich wüsste gerne, wo wir falsch lagen", meinte Marleen. „Kein Problem – für 99 Cent können wir die Lösung downloaden" entgegnete ich.

Marleen sah mich lange an. Dann sagte sie: „Wir sind vielleicht doof – aber nicht blöd".

Recht hatte sie. Ich kauf' jetzt Schuhe mit Klettverschluss.

Nichts Auffälliges

Früher, also bevor es Facebook gab, war das ziemlich einfach: Wenn eine Frau Dich fragte „Fällt dir was an mir auf?", war die Wahrscheinlichkeit hoch, dass Du Dich als Mann mit einem hastigen „Du hast ein neues Kleid" oder „Du hast eine neue Frisur" (wobei jedes Schneiden der Spitzen um mehr als zwei Millimeter als „neue Frisur" gilt) oder „Du hast eine neue Frisur UND ein neues Kleid" elegant aus der Affäre ziehen konntest.

Diese Zeiten sind vorbei.

Jedenfalls für uns Männer. Da tritt die beste aller Frauen auf mich zu und stellt mir exakt diese Frage und mein Gehirn gibt gelben Alarm. Das Kleid kenne ich. In den letzten 48 Stunden war sie nicht beim Friseur. Sie hat weder eine Gasmaske auf noch eine Skihaube oder eine Bommelmütze. Es ist ihr auch kein Bart gewachsen.

Ich sehe sie an. Sind ihr Bauch dicker und ihre Brüste größer geworden und hat sie ihren Ernährungsplan auf „Schokolade mit Senfgurken" umgestellt? Nein, eigentlich nicht... In meinem Kopf wechselt der Gelb- auf den Rotalarm. Ich bewege mich jetzt auf dem Minenfeld mit Namen Unaufmerksamkeit. Neue Fältchencreme? Ich trau mich nicht. Hat sie abgenommen? Wenn ich das frage, wird sie mich fragen, ob sie mir vorher zu dick war und ich muss dann wahrheitsgemäß Nein sagen, aber das wird mir nichts nützen, weil sie eine Frau ist und es mir doch so hindrehen wird und wir hängen in einer Endlosschleife über weibliche Anatomie im Allgemeinen und ihre im Besonderen fest und wir werden uns streiten, vielmehr wird sie sich streiten, weil

ich nicht zu Wort kommen werde und dann wird sie zu ihrer Mutter zurückziehen und sich einen aufmerksameren
Freund suchen, dem sie nicht zu dick ist, die fette Kuh, weil
sie jetzt nämlich schlank ist, das schlanke Reh, und dann
stehe ich da und habe Liebeskummer und werde depressiv
und kaufe zwei Katzen und das will ich nicht, weil ich keine
Tiere in der Wohnung haben will wegen der Haarerei und
ich stelle fest, dass ich erledigt bin. Verloren. Aus.

Ich würde es gerne mit „Du hast neue Schuhe" probieren,
aber sie ist barfuß. Ich nehme all meinen Mut zusammen
und stelle zaghaft „Du hast einen neuen Gürtel" fest und sie
schmettert mir ein donnerndes „NEIN" entgegen und mein
Penis schrumpelt in sich zusammen.

„Dann weiß ich es nicht", sage ich leise und unterwürfig
und, um die Dramatik zu erhöhen, schiebe ich flüsternd ein
zweites „Ich weiß es nicht" hinterher. Ich sehe sie mit meinem hübschesten Dackelblick an. Und da fällt es mir auf – sie
hat die Fingernägel blau lackiert. „Du hast die Fingernägel
blau lackiert" schreie ich ihr triumphierend entgegen, sicher,
der Sieger zu sein.

Sie sieht mich mit dem Blick an, den seinerzeit Maria
Theresia dem Boten zugeworfen hat, der sie vom Einmarsch
der Preußen in Schlesien in Kenntnis setzte: einer Mischung
aus Abscheu, Verachtung und ja – blankem Hass.

„Ich weiß es nicht", flüstere ich und eine Träne rinnt mir
die Wange hinab. „Bitte bitte sag es mir", flehe ich.

Die beste Frau von allen holt tief Luft und spuckt die
Worte einzeln und betont in den Raum, aus dem jeder Sau-
erstoff entwichen ist: „Ich! Habe! Mein! Profilbild! Bei! Facebook! Gewechselt! Und! Du! Hast! Es! Nicht! Geliked!"

Sie sieht mich zornig an und schiebt ein „Gefalle ich dir nicht mehr?" hinterher.

Ich bin bestürzt und von den Socken. „Ja, ich meine nein, ich meine, doch, schon, ich habe ..."

„Du liest also gar nicht auf meiner Wall", zischt sie.

„Doch!", will ich sagen, bekomme aber nur einen furchtbar feigen Laut wie „Gcks" heraus.

„Vielleicht sollte ich mir jemanden suchen, der mir virtuell etwas mehr Aufmerksamkeit zuteil werden lässt ..." schlägt sie bebend vor. „Nein, Entschuldigung, es tut mir leid ..." „Sonst kommentierst du auch jeden Scheiß, aber da wo es wichtig wäre ..." und recht hat sie. Was sind schon Wahlergebnisse, Flüchtlinge, die AfD, Mord, Totschlag, Terror und Tierbabys gegen den Wechsel des Profilbildes der wichtigsten Person meines Lebens? Also!

In einem Akt der Verzweiflung will ich zu meinem Handy greifen, aber sie stellt den Fuß darauf. „Jetzt brauchst du das auch nicht mehr zu machen. Und wehe, du fängst jetzt an, meine Postings zu liken. Ich brauche deine Mitleidslikes nicht. Wenn es nicht ehrlich ist, will ich es nicht!", erklärt sie feierlich.

Ich bin am Boden zerstört. Ich habe den Wechsel ihrs Profilbildes nicht geliked. Ich bin ein Schwein. Ich habe sie nicht verdient. Nicht so.

„Ist Realität nicht wichtiger als Virtualität?", starte ich einen letzten Versuch der Verteidigung, ernte aber nur einen mitleidigen „Du dämlicher Idiot"-Blick. „Was kann ich tun?", frage ich hilflos. „NICHTS!", gibt sie zurück. „Das wird DAUERN!", sagt sie auch. Und: „Das muss ich erst verkraften!". Und rauscht aus dem Raum.

Ich bleibe einsam und niedergeschlagen zurück. Was kann ich tun? Was? Ich gehe an mein Handy. Morgen poste ich ihr ein Bild von einem Ring. Oder einem Sportwagen. Ich habe etwas gutzumachen.

Platzkonzert

In jeder Beziehung kommt der Moment, in dem sich der geliebte Partner, dieser Adonis und weltgewandte James Bond für die Mittelschicht und die Brigitte Bardot für Fernsehillustriertenleser plötzlich als profaner Mensch mit Stärken – aber auch mit Schwächen outet.

Ich hatte mein Coming-out als Mensch anlässlich einer Reise, bei der ich ein kleines, sympathisches und intimes Hotel für Romantik zu zweit gebucht hatte. Und hätte ich gewusst, wie verdammt intim dieses Hotel ist, ich hätte... Aber der Reihe nach.

Das „Love London Live" liegt in einer kleinen, verschwiegenen Seitengasse des wahnsinnig romantischen und sympathischen Piccadilly Circus, wo sich die Liebenden Londons treffen, um von englischen Taxis gemeinsam überfahren zu werden. Bei diesem sympathischen Boutiquehotel trifft burleske Einrichtung auf den Versuch, auf 10m² ein Doppelbett, eine Toilette, eine Dusche, einen Schrank und ein Waschbecken unterzubringen. Gefangene in Guantanamo haben mehr Platz für sich, aber man will ja auch die Stadt sehen und sich nicht im Hotelzimmer aufhalten, nicht wahr?

Der eigentliche Punkt ist jedoch, dass den Hotelbetreibern ihr kleines Laborrattenexperiment dadurch gelungen ist, dass sie die Wände von Toilette und Dusche derart dünn gehalten haben, dass japanische Innenwände dagegen wie Betonarmierungen wirken.

Und so sieht das aus: Da liegt die schönste aller Frauen neben mir erschöpft im Bett und die Burger des kombinierten Mittag- und Abendessens klopfen ungeduldig beim Pförtner meines Magens an und bitten um Auslass. Nun wäre es ja nicht so, dass man selbst nicht schon öfter in Anwesenheit des Partners mal eben Dinge getan hätte, die man als Mensch nun einmal tun muss, wenn man nicht platzen will, aber da war stets ein atombombensicheres, vor allem aber schalldichtes Refugium in der Nähe, in das man sich gutgelaunt mit Handy und Toilettenpapier hätte zurückziehen können, um so zu tun, als wasche man sich nur schnell die Hände oder pudere sich das Näschen...

Nicht so im „Love London Live". Hier liege ich ja quasi mit den Füßen sowieso schon in der Toilettenschüssel, wenn ich mich nur fest genug ausstrecke, was ich tunlichst vermeide. Der einzige Lichtblick im Sackdunklen ist, dass Melanie einen Schlaf wie eine Tote hat und in der Regel selbst Luftschutzsirenen und das durchdringende „Kikeriki" ihres verdammten Android-Handys in ihre Träume einzubauen vermag, wenn sie nur schlafen kann. Und so liege ich im Dunklen und forsche nach der Verhaltensweise meines Mageninhaltes.

Zuerst bahnt sich ein kleiner, frecher und dankenswerterweise laut- und geruchloser Wind seinen Weg nach draußen, ein üblicherweise sicheres Zeichen, dass da noch mehr ist, was rauswill. Und zwar bald. Ich presse die Pobacken zusammen wie ein Pferdejockey und flüchte vorsichtig und möglichst leise in den Luftschutzbunker aus Pappmaché, der nur eine Armlänge entfernt ist.

Es reicht gerade noch, die Schlafanzughose nach unten zu ziehen. Was jetzt folgt, ist ein wunderbares Crescendo Beethovens 9. Symphonie, gespielt auf der Arschposaune mit einer überraschenden Klangfülle, wie sie wohl nur die

Baked Beans, die zu dem Höllenburger serviert wurden, hervorbringen können. Und mitten in den Teil mit dem „Babababaaaa" höre ich eine Stimme rufen: „Thilo? Ist alles in Ordnung?"

Ich schätze, dass es Gottes Art von Humor war, mich hier zur Ordnung zu rufen. Die korrekte Antwort wäre jetzt „Nein, nichts ist in Ordnung, weil ich dich soeben aus dem Schlaf gefurzt habe und noch lange nicht am Ende mit dieser kleinen Symphonie für eine Arschgeige bin und mich die Luft in meinem Bauch wie ein Heißluftballon an der Klodecke schweben lässt. Die Thermik hier im Raum ist wunderbar. Tu mir den Gefallen und verlasse das Gebäude. Nach Calais. Oder Norwegen. Auf jeden Fall weit weg! Wir sehen uns eines Tages wieder, wenn du diesen Schock überwunden hast. Allerdings werde ich da schon zehn Jahre tot sein und wie so was riecht, erfährst du, wenn ich die Türe aufmache, um rauszukommen..."

Stattdessen entscheide ich mich aber für ein halb-fröhliches, halb gestöhntes „Ja, alles prima, alles schick, der, ehm, Toilettendeckel, also die Brille, das Dings da, das, ehm, hehe, knarzt sehr..."

„Bei mir nicht", antwortet meine Lady Godiva im Halbschlaf, dann ist ein kurzes „wumpf" zu hören, als ein Körper wieder auf die Matratze fällt, während sich der letzte Wind of Change mit einem leisen Legato verabschiedet.

Ich sitze noch eine Weile vor mich hin, ob noch etwas kommt oder ich mich gefahrlos aus der Kammer des Schreckens entfernen kann. Immerhin will ich mir noch die Hände waschen und muss dabei im Stockdunklen über ein Doppelbett, zwei Koffer und eine leere Rotweinflasche steigen, was schon noch einmal ein veritabler Parcours sein wird, als sich ein neues Geräusch durch die Papierwand hören lässt.

Es ist ein tiefes „Rrrrrrrr", wie es wohl nur eine Gruppe von Holzfällern mit schweren Kettensägen im brasilianischen Regenwald hervorbringt, wenn mal wieder „ein Fußballfeld gerodet wird". Nur sind wir nicht im brasilianischen Regenwald und nachts um drei sind auch in London keine Holzfäller unterwegs. Zwischendurch ist immer mal ein kleines Grunzen zu hören, das ich auch von mir kenne, wenn mir irgendwelche Körpersäfte im Rachen hängen...

Eingeschlafen. Tief. Ich schleiche über meine Hindernisbahn, wasche mir leise die Hände und nehme Melanie, die das Geräusch einer Panzerparade auf dem Champs-Elysee imitiert, in den Arm.

Am Ende des Tages und am Beginn des neuen Tages sind wir alle nur Mensch. Leider und Gottseidank.

Schnupfm

Ich hatte eine Erkältung abgegriffen. Nichts Ernstes, aber schon lästig. Schnupfen, Heiserkeit, Halsweh, Gliederschmerzen, das volle Programm aus der Ratiopharm-Werbung. Und ich habe mich elend gefühlt. Und da habe ich beschlossen, zu Hause zu bleiben, es ging mir nicht gut. So allgemein.

Ich bin selbständig, ich darf das. Ohne Krankenschein. Zu Hause bleiben. Hab ich gedacht.

„Was ist mit dir?", hat meine Gefährtin gefragt. „Ich bin krank", habe ich geantwortet. „Nein, du hast nur eine Erkältung", hat sie gesagt.

Und das fand ich eine Unverschämtheit. „Nur" eine Erkältung? Eine Erkältung ist eine schlimme Krankheit, damit soll man nicht spaßen, ich bin bestimmt kein Weichei, aber man hat schon oft von Erkältungen gehört, die sich dann zu einer ausgewachsenen Lungenentzündung entwickelt haben, und wenn man da nicht aufpasst, wacht man morgens auf und ist tot. Basierend auf diesem Gedankengang, habe ich meiner Gefährtin eröffnet, dass ich sterben könnte.

„An einer Erkältung!", hat sie nüchtern festgestellt.

JA, VERDAMMT. An einer Erkältung kann man sterben, das geht ratzfatz, dann ist die Lunge dick, die Bronchien versagen, die Augen werden trüb, die ganzen inneren Organe schwellen an und platzen, die Viren oder Bazillen oder wie die Viecher heißen, fressen die ganzen Blutkörperchen auf und dann steht man da und stirbt einen elenden und siechen Tod, weil man eine Erkältung leichtsinnig übergangen hat.

„Nein", hat meine Gefährtin gesagt, „du hast nur einen Schnupfen, du musst nicht zu Hause bleiben."

Ach nein? Muss ich nicht? Sie geht mit meinem Leben und meiner schlimmen Erkrankung aber SEHR leichtfertig um, die Dame meines Herzens. Gut, es ist ja nicht sie, die wegen „nur" eines Schnupfens dem grimmen Schnitter ins Auge schaut, was für uns beide, also den Schnitter und mich, sehr unangenehm ist. Aber ich gebe mich noch nicht geschlagen.

„Ein Schnupfen ist eine hochansteckende Krankheit, wusstest Du das?", belehre ich sie. „Es handelt sich nämlich bei der Rhinitis um einen Infekt, der durch Rhinoviren (eine Abart der Picornaviren) und Adenoviren übertragen wird, und wenn ich nicht aufpasse, dann entwickelt sich das zu einer Atrophie der Nasenschleimhäute und mündet in einer Ozeana, landläufig auch „Stinknase" genannt, da die atrophische Schleimhaut Keimansiedlungen begünstigt, die einen unangenehmen, süßlich-faulen Geruch absondern. Da die Schleimdrüsen ebenfalls atrophieren, kann der Naseninnenraum nicht mehr ausreichend befeuchtet werden, was zu Trockenheit der Schleimhaut und damit zu starker, schwarzer bis gelb-grüner Borkenbildung führt. Folgen der zähen Verkrustungen können Kopf- und Nasenschmerzen, Nasenbluten sowie Vereiterungen sein. Aufgrund des Nasengeruchs erleide ich dann einen sozialen Ausschluss, weil wegen meiner Nase niemand noch etwas mit mir zu tun haben möchte und mein Betrieb geht pleite und dein Malkurs hat sich erledigt, weil wir sparen müssen und ich kauf dir einen Corsa oder eine Busfahrkarte. Und das ist noch nicht alles: Durch Anosmie (auf Grund der Atrophie von Geruchsnerven) und wegen der Gewöhnung der Geruchsnerven an den Eigengeruch nehme ich den Gestank selber nicht einmal wahr. Dies bedeutet, du wirst diejenige sein, die leidet. Jedenfalls bis zur Scheidung oder meinem Tod."

„Gute Güte, du hast einen Schnupfen", wiederholt sie. Und dann sagt sie: „Sei nicht so eine Memme."

Nun – anscheinend drücke ich mich für die Gefährtin, von der ich bisher dachte, sie liebt mich, unverständlich aus. Ich probiere es anders:

„Hast du verstanden, was ich gesagt habe? „HOCHAN-STECKENDE KRANKHEIT"! Die krankheitsverursachenden Viren werden sowohl als Tröpfcheninfektion durch die Luft als auch direkt oder indirekt durch Kontakt mit Erkrankten oder über kontaminierte Gegenstände per Schmierinfektion (Kontaktinfektion) in deren Umgebung übertragen. Dies bedeutet faktisch, dass ich die komplette Stadt anstecken könnte. Das Ganze kann als eine veritable Pandemie oder Epidemie enden. Menschen schleppen sich schniefend und rotzend auf die Straße, wo sie erbärmlich in den Gossen ihr Leben aushauchen, gehüllt in einen Kokon aus Rotz und Tempotaschentüchern, unsere Stadt wird unter Quarantäne gestellt, die Bundeswehr sperrt mit Schützenpanzern und in Ganzkörperanzügen die Zufahrtsstraßen ab, in den Straßen patrouilliert der Bundesgrenzschutz mit Gasmasken und räumt die Fußgängerzone von den ganzen Schnupfentoten frei. Nach 14 Tagen gehen die Impfstoffe aus und die Aktie der Firma „Tempo" bricht durch die Börsendecke, während sie ganze Kontinente von den für die Atmosphäre wichtigen Regenwälder befreit, weil sie Nachschub für ihre Papiertaschentuchproduktion brauchen. In der Folge bricht das Weltklima zusammen und es kommt zu Hungersnöten und Unruhen weltweit. Was meinst du, wenn die draufkommen, wer das verursacht hat? Wer hier Patient Nummer o war? Was dann hier los ist? Wenn ich Glück habe, dann komme ich mit einer Todesfatwa eines islamischen Geistlichen davon. Und das alles nur, weil du gemeint hast, ich hätte ja „nur" einen Schnupfen und könne arbeiten gehen. Vielen Dank für gar nichts. Aber ich werde dann mit dem Finger auf dich zeigen und sagen: SIE WOLLTE, DASS ICH ARBEITEN GEHE. ICH HATTE SIE JA GEWARNT!"

„Du willst also heute zu Hause bleiben", stellt sie sachlich fest.

ABER JA! DIE ZUKUNFT DES PLANETEN HÄNGT DAVON AB!

„Dann kannst DU ja mal die Ablage und die Buchführung machen, wenn du daheim bist."

Und da ist mir dann plötzlich eingefallen, dass mich die Welt eigentlich kreuzweise kann und ich bin arbeiten gegangen. Ich meine: Hallo? Ist ja nur ein Schnupfen.

Die Mittelschicht wird genervt

26580 – TwoSixFiveEightO –
Kim Wilde hat es geahnt

Neben den üblichen Begleiterscheinungen des Alterns wie
der hochflexiblen Bestellung in Restaurants („Das Wiener
Schnitzel bitte ohne Panade, weil ich von der Sodbrennen
kriege, und statt der Pommes bitte Salat, weil ich kein Fett
vertrage, aber bitte auch keine Zwiebeln im Salat, da ich von
denen Hautausschlag bekomme und wenn Sie statt Schwei-
ne- vielleicht Putenfleisch verwenden könnten? Ja, dazu ein
Wasser, aber bitte still, sonst muss ich aufstoßen") habe ich
festgestellt, dass die Gedächtnisleistung nachlässt. Zumindest manchmal. Aber vor allem dann, wenn es wichtig ist.

Da stehe ich neulich vor dem Bankautomaten meiner
Wahl, um mir Bares zu holen, so lange es Bares noch gibt
und ich das auf dem Konto habe, hinter mir eine Schlange
bis Lissabon, weil es Samstag ist, und ich gebe meine Geheimzahl ein und meinen Wunschbetrag. Ich habe das Portemonnaie schon in freudiger Erwartung des Geldregens geöffnet,
als mir der Automat der örtlichen Raiffeisensparkasse, mit
einem hübschen roten Balken unterlegt, hämisch mitteilt:
„Falsche PIN-Eingabe". Und, etwas tröstlich, „PIN bitte erneut
eingeben."

Tja. Ich habe mir die PIN nur am Anfang gemerkt, seitdem gebe ich ein Muster ein. Ich starre auf die Tastatur. Haben
die die rumgedreht? Die 1 links oben statt links unten? Oder
isses normalerweise umgekehrt? Verdammt… Ich weiß es
nicht… Meine Geheimzahl hatte etwas mit dem Kriegsende
zu tun. Nur welchem? 1918 oder 1945? Es könnte auch 1815
oder 1866 oder 1871 gewesen sein.

Welcher Krieg war es denn?

Ich merke, wie mir der Schweiß auf die Stirn tritt. In meinen Rücken bohren sich die Dolche der Blicke der anderen Kontoplünderer. „Kein Geld auf dem Konto, aber abheben wollen", sagen die Blicke. „Depp", sagen die Blicke.

Ich entscheide mich für den Zweiten Weltkrieg, aber rückwärts. 5491.

„Falsche PIN-Eingabe", höhnt mich der Geldautomat an.

Okay. Konzentration. Einen Versuch habe ich noch. Es kam eine 7 drin vor. Oder eine 8. Oder eine 9. Eventuell auch eine 0, eine 1 und eine 3. Aber auch eine 2 oder 4 wäre möglich. Ich habe eine unendliche Zahl von Möglichkeiten vor mir. Es ist ein Spiel 4 aus 10, was eine höhere Gewinnquote als beim Lotto ist. Draußen hockt meine Verabredung im Café gegenüber und wartet darauf, dass ich die Rechnung begleiche. Drinnen warten die anderen Steuerzahler hinter mir, räuspern sich und scharren mit den Füßen. Irgendeiner knurrt „Wird's bald?". Es ist aber wie beim Pinkeln. Ich kann nicht, wenn einer neben mir steht. Mein Kopf ist so leer wie die Minen von Moria. Und so voll mit Zahlen, ich könnte ein Universum aus Mathematik schaffen. Aber ich brauch nur vier Ziffern.

Es ist lächerlich: Ich könnte die komplette Schlange hinter mir zum Essen einladen, wenn mir nur die verfickten Zahlen einfallen würden. Ich habe damals, 1992, die PIN der Bank genommen und mir keine eigene herausgesucht. 1945 ist, glaube ich, der Entsperrcode für mein Handy und mir fällt spontan die Telefonnummer 6118 meiner ersten Freundin ein, damals, 1983, aber die nutzt mir jetzt auch nichts. 209 sind die beiden letzten Ziffern meiner Autonummer, zumal es drei Ziffern sind, was immer noch eine zu wenig ist. Ich erinnere mich an die 515 2364, die ist meine erste Handynummer, hilft mir aber genauso wenig wie die Spontaneingebung 3002 als die letzten vier Ziffern meiner Kreditkarte. Es hilft nichts. Mir fällt jede sinnlose Nummer seit 200966 ein, was zufällig mein Geburtsdatum ist und das ich schlauerweise für gar nichts verwendet habe. Ich stehe unter Leistungsdruck.

Ich hatte irgendein Muster bisher. Ich glaube, es war ein Pfeil. Was die Möglichkeiten auf 1579 oder 1597 oder 9524 oder 9542 eingrenzen würde, aber mir sagt das alles nichts. Es könnte auch 7562 oder 7526 oder 3584 oder 3548 sein. Oder aber es war ein L. Eine L-Form. Genau. Ich sortiere meine Gedanken. 9632. Ich bin ganz sicher. Ganz sicher, dass ich noch nie etwas von dieser Nummer gehört habe. Ich meine, es war eher eine Y-Form, weil ich damals noch dachte: „Oh, eine Y-Form", aber das dachte ich damals beim Entsperrcode für die SIM-Karte auf dem Handy.

„Bis der fertig ist, haben wir wieder die D-Mark", höre ich einen Mann mit Schnauzbart hinter mir laut sagen.

„Ich weiß meine Nummer nicht mehr", gebe ich mich geschlagen und drehe mich um. „Und ich habe nur noch eine Chance." „Dann machen Sie halt Platz für die, die ein besseres Gedächtnis haben", schnauzt der Schnauzbartmann zurück.

Ich überlege, wo ich mir die Nummer notiert haben könnte. Auf dem Handy? Bis ich das durchsucht habe, ist mein Handy-Vertrag abgelaufen. Der Umschlag mit der richtigen PIN liegt in der linken unteren Schublade meines Schreibtisches. Oder oben rechts im Küchenschrank, wo irgendwie immer alles liegt. Genauso gut könnte das Zeug auf der Venus sein. Ich komme jetzt nicht dran.

Ich drehe mich wieder zum Automaten und schließe die Augen. Meine linke Hand wandert auf die Tastatur. Ich blende alle Geräusche aus und höre auf die Stimme des Universums. Um mich herum wird es ganz ruhig. So unendlich ruhig. Ich tauche in die Sterne, in die Galaxien, Raum und Zeit haben keine Bedeutung mehr. Dann durchflutet es mich wie pure Energie. Die Finger meiner linken Hand beginnen sich wie von selbst zu bewegen. Zeigefinger. Druck. Mittelfinger. Druck. Mittelfinger. Druck. Ringfinger. Druck.

Ich öffne die Augen. „Falsche PIN-Eingabe. Ihre Karte wird aus Sicherheitsgründen einbehalten", erklärt mir der Automat, die alte Drecksau.

Ich trete enttäuscht, zornig und verwirrt einen Schritt zurück. Ich bin bis in mein tiefstes Mark erschüttert und gedemütigt. Ich bin alt. Ich weiß meine PIN-Nummer nicht mehr. Und als ich mein Portemonnaie einstecken will, fällt mir meine Bankkarte aus einem der Steckfelder.

Ich bin dann unter dem gemurmelten Beifall der anderen Wartenden gegangen. An einen anderen Automaten. Ich habe blind meine PIN eingegeben und habe Geld abgehoben. Und ich weiß bis heute nicht, welche Karte ich in den Automaten gesteckt habe. Aber sie hat mir nie gefehlt. Manchmal ist das Universum wirklich ein Arsch.

Business all time flat professionell ...

Ein altes Sprichwort sagt: Mitten im Strom soll man nicht die Pferde wechseln. Auf Deutsch und als Mahnung an die geneigten Leser und Hörer und Zuschauer und Mitfühlenden: Wenn etwas funktioniert, dann pfusch nicht drin herum. Finger weg. Lass den Scheiß. Es funktioniert und das ist alles, was es soll. Funktionieren. Nicht weniger, aber auch nicht mehr. Alles gut.

Beispielsweise mein Handy. Es funktioniert. Ich kann Apps laden, SMS und MMS verschicken, Fotos machen, Spiele spielen, Musik hören und im Internet surfen. Und manchmal kann ich damit auch telefonieren. Wenn ich ein Funknetz habe. Diese archaische Kommunikationsform, wo man noch seine Stimme modulieren und gelegentlich zuhören muss und während der Unterhaltung nicht einfach aufs Klo flitzen oder nebenbei Fernsehen gucken kann oder das Ding einfach beiseitelegt, damit es sich selbst Nachrichten schreibt.

Mein iPhone ist mein treuer Begleiter auf allen Wegen. Und deswegen ging ich leichtsinnigerweise dran, als es mit den Glockentönen von Big Ben die Anwesenheit eines Menschen signalisierte, der anscheinend zwischenmenschliche Kommunikation mit mir wünschte.

„Hallo, Herr Schneider, mein Name ist Susanne Berger von eplusbaseoutootelecomcommunicationsinternational mobilevodafonelimited („Ja hallo") und Sie sind ja Kunde bei uns im Call and Surf professional. Wir wollten mal nachfragen, wie zufrieden Sie sind."

Ich habe einen guten Tag heute und schalte schnell:

„Meinen Sie generell, mit meinem Job, meiner Ehe oder mit dem iPhone oder mit Ihnen als Firma oder Ihnen persönlich?"

„Hihi, neinnein, mit Ihrem Call and Surf Tarif."

„Ich kann telefonieren. Das ist okay."

„Aha." (Wahrscheinlich hätte ich ihr auch sagen können, dass ich derzeit und einem Schwerlaster liege und eine schwedische Krankenschwester mich soeben beatmet, sie hätte in jedem Fall „aha" gesagt.)

„Wir hätten da nämlich einen neuen Tarif für Sie, mit dem Sie günstiger als in Zukunft telefonieren."

... und während ich noch grüble, ob das jetzt ernstgemeint oder eine Freudsche Fehlleistung war, spricht Susanne hemmungslos weiter:

„Wenn Sie nämlich in den Business-comfort-flat-scream-and-squeak-Tarif wechseln würden, dann erhielten Sie 120 Freisekunden in das Festnetz der Kaiman-Inseln, dazu gratis zehn SMS ab 1 Gigabyte Festplattenspeicher, ein Messerset aus chinesischem Blattgold und zehn reichverzierte Wassermühlen mit Fernbedienung. Na, wie klingt das?"

Tja. Eigentlich ganz gut so weit.

Ich habe da allerdings eine Frage, und zwar telefoniere ich im Moment über den Fireabend-Tarif mit allen Verbindungen ins französische Festnetz, mit Standleitung zur russischen Raumstation „Glasnost" und habe außerdem 20 Silben im Monat frei, wenn gerade Freitag ist und die Sonne nicht scheint. Was ist damit?

„Das ist gar kein Problem, Herr ThiloS, die Freisilben können wir übertragen und wenn Sie das Super-Event-Entertainment-Paket dazubuchen, dann können Sie nachts zwischen 23.00 und 3.00 Uhr bei schönem Wetter die Sterne betrachten und dank des Star-Wars-Pakets dem Funkverkehr auf Beta Geuze folgen."

„Hmmm"... das ist natürlich ein verlockendes Angebot, andererseits...

„Gesetzt den Fall, ich würde mit meinem neuen Scream-and-Squeak-Paket einsteigen, bekäme ich dann noch ein Handy für meine Gefährtin?"

Susanne Berger ist ein echtes Ass und reagiert schnell: „In diesem Fall können wir Ihnen das Private-Talk-and-Walk-Package inklusive 120 Freischwimmer-Minuten in alle deutschen Schwimmbäder, ein Monatsabo der Zeitschrift „Frau am Herd" via Download oder Read-per-view und eine warme Mahlzeit in einer Bahnhofsmission Ihrer Wahl anbieten!"

„Das ist ja alles schön und gut, aber ich schreibe mir im Monat ca. 300 Beiträge hinter die Ohren und meine Frau geht sowieso nie dran, wenn sie sieht, dass ich es bin, könnten wir dann da eine Rufnummer- und Frauenunterdrückung einbauen und sie zwingen, an das Handy zu gehen, also so eine Art „Women-suppress-force"-Paket mit Cleaning-dishes-Option?"

„Hihi." Susanne kichert. „Das ginge, aber dann müssten Sie das Girlfriend-divorce–big-tits-mature-women-want-you"-XXL-Paket für lediglich zehn Euro pro Minute in alle polnischen Sex-Hotlines dazubuchen, da kämen Sie dann im Grundbetrag auf ca. 1000 Euro im Monat."

„Ja, sehr geil! Das klingt gut, das nehme ich! Nur noch eine Frage an Sie als Profi zum Schluss und im Vertrauen: Welches Paket haben Sie eigentlich gebucht?"

„Ich?" Susanne ist jetzt ehrlich überrascht. „Ich telefoniere nicht, das ist mir mit den Tarifen zu umständlich. Ich habe sozusagen ein Face-to-face-social-network-Paket und treffe mich einfach so und persönlich mit Freunden."

Ich lege auf. Jemand, der sich noch persönlich mit anderen Leuten trifft, ist mir suspekt und mit dem möchte ich auch nichts zu tun haben.

„Persönlicher Kontakt" ... vielleicht sogar noch mit Händedruck zur Begrüßung oder was?

In welcher Zeit lebt die dumme Nuss eigentlich?

Der schwule Siphon

Neulich habe ich beim Wechseln der Mülltüte gemerkt, dass der Siphon unter der Spüle, an dem auch die Waschmaschine irgendwie hängt, also, dass der feucht ist. Da hing so ein Tropfen dran. Und es hatte sich im Unterschrank eine kleine Pfütze gebildet. Nichts Dramatisches. Aber so etwas muss man ja im Auge behalten, sonst hast Du irgendwann nachts einen Rohrbruch und das Wasser quillt unten aus der Küchentüre raus und hebt das Parkett. Oder so. Selbst, wenn es nur das Wasser aus dem Siphon ist. Man kann da nicht vorsichtig genug sein.

Jetzt gibt es ja Männer, die machen so etwas selbst. Rohrzange aus der Garage pflücken und Bastelspaß haben. Zu diesen Männern gehöre ich nicht. Ich kann lediglich einen kaputten Siphon als solchen identifizieren, das war es dann. Also suchte ich mir via Google einen Klempner in der Nähe heraus, rief an und fragte seine Frau, ob ihr Mann sich das mal ansehen könne und wir vereinbarten einen Termin. Und was nach dem Tausch eines kaputten Siphons aussah, entwickelte sich zu einer Grundsatzdiskussion.

Herr Krapulski ist ziemlich pünktlich und ich freue mich und biete ihm einen Kaffee an, den er dankend annimmt. Dann will er wissen, wo der Siphon ist und ich gebe ihm brav die gewünschte Auskunft und räume den Mülleimer und die Putzmittel aus dem Unterschrank. Herr Krapulski setzt seinen Werkzeugkasten ab, meint, das sei „keine große Sache" und taucht unter die Spüle. Und ich sage den Satz: „Schön, dass es so schnell geklappt hat. Ihre Frau war wirklich total nett am Telefon."

Das Schnauben unter der Spüle kommt zu einem Ende und Herr Krapulski steckt den Kopf hinter der Unterschrank-Tür hervor. „Das ist nicht meine Frau", sagt er. „Das ist meine Schwester. Ich bin nämlich schwul." Und ich sage: „Oh". Was soll ich auch sonst sagen? „Ja „OH"!", giftet er zurück: „Warum glauben die Leute immer, Schwule gäbe es nur beim Fernsehen?"

Hm.

Das ist eine ziemlich gute Frage, auf die ich ad hoc keine Antwort weiß. Aber Herr Krapulski weiß sie. „Ihr Leute seid alle voller Vorurteile. Ihr denkt immer nur an die Tunten und Tucken in ihren Fummeln. Dass ein ganz normaler Mensch auch schwul sein kann, das kommt euch gar nicht in den Sinn!" Ich gebe innerlich zu, dass mir wirklich noch nie in den Sinn gekommen ist, dass es auch schwule Heizung-, Gas- Wasser-Installateure geben könnte. Schlicht, weil es mir egal ist. Ich habe einen kaputten Siphon, den ich gerne repariert hätte. „Stimmt", sage ich. „Daran habe ich wirklich noch nie gedacht!" „Sehen Sie", gibt er leicht triumphierend zurück „... und deswegen ist es so wichtig, dass wir für unsere Rechte auf die Straße gehen." Das mag ja sein, aber mir wäre es lieber, er ginge statt auf die Straße wieder unter die Spüle und reparierte den schwulen Siphon.

„Ja, das ist wichtig", echoe ich zurück. „Es tut mir leid.", hänge ich hintendran. Herr Krapulski ist großzügig: „Das muss es nicht, ich erlebe das jeden Tag." Ja, das ist tragisch, dass er das jeden Tag erlebt. Dass sich niemand dafür interessiert, ob er einen schwulen Heizung-, Gas- Wasser-Installateur vor sich hat. „Es geht nur darum, dass wir mehr Normalität im Umgang miteinander bekommen!", doziert Herr

Krapulski weiter. „Ja, Normalität!", gebe ich wieder zurück und würde mich sehr gerne jetzt verziehen, damit er unbelästigt den Siphon reparieren kann, aber Herr Krapulski ist jetzt in seinem Element. „Wissen Sie", erzählt er weiter, „wir haben jetzt zwar die ,Ehe für alle', aber bis zur absoluten Gleichberechtigung ist es noch ein weiter Weg. Deswegen oute ich mich da auch gerne, weil mir das einfach wichtig ist!"

Das mag ja sein, aber mir persönlich wäre jetzt eigentlich mein Siphon wichtiger als seine Gleichberechtigung und ich habe ihn ja auch nicht ungleichberechtigt behandelt. Ich habe bei Google auch nicht „heterosexuelle Klempner in meiner Umgebung" eingegeben, zumal ich dann auch die nächsten Wochen mit sehr seltsamen algorithmischen Angeboten hätte rechnen müssen, und ich habe aus Gleichberechtigungsgründen auch nicht „homosexuelle Klempner" oder „Trans-Klempner" eingegeben. Ich habe wirklich nur jemanden gesucht, der einen Siphon reparieren kann. Meinetwegen könnte das auch eine hermaphrodite Transgender-Lesbe mit Hang zu klassischer Literatur und italienischen Rotweinen sein, die da unter der Spüle liegt, mir geht es nur um den Siphon. Ich bin da völlig vorurteilsfrei.

„Ich bin da völlig vorurteilsfrei", sage ich deshalb. „Wenn dem so wäre, dann hätten sie meine Schwester nicht für meine Frau gehalten!", hält er mir den schmutzigen Vorurteilsspiegel vor die Nase und mir platzt der Hemdkragen: „Hören Sie, ich hatte eine Frau am Telefon, die sich mit „Krapulski" gemeldet hat, was mich nicht wunderte, weil ich bei der Firma Krapulski angerufen habe, also ging ich davon aus, dass es sich bei Ihnen um einen Familienbetrieb handelt und die Wahrscheinlichkeit, dass sich in unserer zu 92,6

Prozent heterosexuellen Gesellschaft* eine Ehefrau statt einer Schwester meldet, war demnach ziemlich hoch. Also machen Sie kein Drama draus und reparieren Sie bitte den Siphon!"

Herr Krapulski schüttelt den Kopf. „Das geht nicht", sagt er, „mir fehlt ein Ersatzteil. Ich habe nicht den passenden Bogen." „Sehen Sie?", rufe ich aufgeregt, „so geht es mir! Ich bestelle einen Installateur und dann fehlt ihm der passende Bogen und dass ich auch schwul sein könnte, auf die Idee kommt er auch nicht!" Herr Krapulski ist etwas verunsichert. „Sind Sie denn schwul?", fragt er. „Nein!" gebe ich zurück, „Aber ich könnte es sein! Daran haben Sie nämlich jetzt auch nicht gedacht! Selber Vorurteile haben, aber sie anderen unterstellen wollen!" Herr Krapulski schüttelt den Kopf. „Wollen Sie nun den Siphon repariert haben oder nicht?", fragt er. „Will ich! Deswegen sind Sie ja da. Und ich zahle pro Stunde am Siphon, nicht pro Stunde an der Gesellschaft!", gebe ich zurück.

„Dann gehe ich jetzt los und hole einen Bogen", sagt er.

Und dann ging er. Und ich habe ihn nie wiedergesehen. Und auch nie eine Rechnung von ihm erhalten. Den Siphon hat später ein heterosexueller Bekannter repariert, ganz ohne gesellschaftliche Diskussion. Er hat mir dabei von seiner Ehe erzählt. Das war auch in Ordnung. Und hat mich ebenso wenig interessiert. Aber mein Siphon funktioniert jetzt wieder.

---

* www.queer.de/detail.php?article_id=27318

De Ding

Ich sitze gerade gemütlich vorm EDK beim schnellen Mittagessen mit Hähnchenschlegeln, einer Cola und einer guten Laune, als mir irgendjemand mit voller Wucht auf den Rücken haut und mich „NA, HAMMER MITTACH!!??" anbrüllt. Ja, hammer und eigentlich will ich in Ruhe gelassen werden und mich irgendeinem dümmlichen bento-Artikel („Wie ich es einmal mit meinen Putzgeräten trieb") widmen, aber Henry, den alle seine Freunde Henry nennen, hat gerade blöderweise Zeit und hockt sich ungefragt zu mir.

„NA, SCHMECKTS?", will er laut wissen und ich sage brav „Geht so", weil es doch der EDK ist und der bei Hähnchenschlegeln für kleines Geld nicht gerade ein 4-Sterne Tempel ist und alles andere gelogen wäre. „ICH WÄÄSS, WO MER GUT ISST", verkündet Henry quer über die Gasse und fügt dann hinzu: „UNNE BEIM DING!"

Ich werde hellhörig. Gutes Essen? Wo? „UNNE BEIM DING" ist als Information zwar laut, aber zu wenig. Also hake ich nach. „Wo genau?" „Na, da unne...", sagt Henry merklich leiser, gestikuliert in Richtung Italien und legt die Stirne kraus, „wennde die Ding nunnerfährst, da am... na, wo der Fahrradlade ist... wie hässten des jedzz...".

Ich kann förmlich hören, wie die Mechanik in Henrys Hirn knirscht, als er sein geistiges Google-Maps hochlädt. „Wennde vom Schloss aus...", sagt er und hält inne, da ihm anscheinend der Weg vom Schloss zum Ding doch zu kompliziert erscheint. „Annerster!" sagt er und hebt an: „Wennde unne am Määä...", dann stoppt er wieder. Auch das scheint die falsche Route zu sein und ich überlege fieberhaft, wo ein

„Fahrradlade" in der Nähe unseres Schlosses sein könnte. Aber mir fällt nichts ein.

Henry stützt seine Stirn auf die Hände und versinkt in Verzweiflung. „Wenn du obbe am Rathaus stehst...", holt er erneut aus, ganz langsam, ohne mich anzusehen „... un dann nunner am Ding vorbei gehst...". Ich habe meinen teuflischen Tag: „An welchem Ding gehe ich vorbei?". „Ei unne, der Ding, wo immer die Würscht macht..." erklärt er. „An der Metzgerei?", helfe ich nach. Henry, erleichtert, „Ja genau, du gehst annde Metzgerei vorbei... aber wadde mal... der is doch fort, da is jedzz en Annerne drin...". Oha, es wird gefährlich. Wenn Henry jetzt noch darüber nachdenkt, was der Nachfolger der Metzgerei Semmelmann („Qualität seit 1926") jetzt herstellt, sitzen wir morgen früh noch. Ich helfe nach: „Egal, ich gehe an der ehemaligen Metzgerei vorbei..." – „Ja genau, annde Metzgerei vorbei..." echot Henry „und dann dadenach nach links... Nä, nach rechts..." und er versinkt wieder in tiefes Grübeln. Ich stehe geistig vor der ehemaligen Metzgerei, in deren 70er-Jahre-gekachelten Wurstverkaufsraum sich heute ein Tattoo-Studio befindet und dessen wenig vertrauenerweckend aussehenden Besitzer sich rauchend öfter vor als im Laden befinden und weiß nicht, wohin ich nun muss. Und meine Mittagspause nähert sich dem Ende.

Ich versuche es mit raten: „Meinst du den Griechen, drei Häuser weiter?" Aber Henry schüttelt den Kopf. „Nä, den mään ich nit", sagt er traurig. Gut, der Versuch war es wert. Ich versuche, Henrys Empfehlung einzukreisen. „Was hat der Laden denn für eine Küche?", frage ich vorsichtig. Henry interpretiert die Frage aber falsch. „Des macht der Ding, der hat früher aach den Lade in Darmstadt gehabt. Herrgott, wie häässt denn der ...". Na prima. Meine harmlose Frage hat einen Nebenkriegsschauplatz aufgemacht, Henry weiß nicht nur, wie der Laden nicht heißt, sondern auch nicht, wer ihn nicht betreibt und wie ich auf jeden Fall nicht hinkomme. „Ganz bekannte Name ..." schiebt er brummelnd hinterher. Leider nicht bekannt genug, als dass er oder ich mich daran erinnern könnten.

Ich ändere die Taktik: „Du meinst aber nicht den Ding, der da in der Nähe von der Fußgängerzone ..." werfe ich ihm als Appetit-Häppchen hin. Henry schaut mich an, als hätte ich den Verstand verloren. „DER ITALIENER? UNNE AN DER KÖNISCHLUDDPOLLDSTRASSE? DER WO DES ‚BASILICO E POMODORE DA LEONARDO DA VINCI IN EXCELSIS DEO' HAT UNN IN UNNERAFFERBACH WOHNT? DER MIT DERRE FISCHBLADDE WO DEN ESSELLKA FÄHRT? ICH HAB VON GUUUUUTEM ESSE GESPROCHE!!!!", belehrt er mich laut brüllend und bemerkt gar nicht meine Verblüffung über sein plötzlich detailliertes Erinnerungsvermögen. „NÄ, ICH MÄÄN BEIM DING ...", und dann sackt Henry in sich zusammen, als hätte man ihm den Stecker gezogen, zurück in die Nachtschwärze seines Gehirns. An einen Ort, an den ihm niemand folgen kann. Nicht einmal er selbst. Links oder rechts an der ehemaligen Metzgerei vorbei.

Unerbittlich tickt die Uhr.

„Henry, sei mir nicht böse ...", sage ich zaghaft, weil ich gerne weg möchte und sicher irgendwann versehentlich DE DING besuchen werde oder auch nicht, aber Henry lässt nicht locker. Ich will aufstehen, aber Henry hält mich am Arm fest und sieht mir direkt in die Augen. „WÄÄSTE WAS? MIR TREFFE UNS HEUT AWEND UND DANN GEHN MER DA

HIII", schlägt er vor, aber ich habe heute Abend, ehm, schon irgendetwas Wichtiges plötzlich vor und kann nicht und will auch nicht im Freien übernachten, wenn Henry sich in der Altstadt verläuft und sage deswegen, dass ich etwas Wichtiges heute Abend vorhabe und das leider nicht geht.

Ich verabschiede mich von Henry und höre ihn im Weggehen noch „De Ding, de Ding" wimmern und irgendwie tut er mir auch leid, aber ich muss jetzt echt wirklich ...

Ein paar Tage später stehe ich unten am Main, in der Nähe des Fahrradladens und greife mir ans Herz, von dem ich fürchte, dass es stehenbleibt: Vor einer nagelneuen Kneipe hängt ein nagelneues Schild. „DAS DING" nennt sich der nette Laden mit der netten Speisekarte. Und ich bin Henry jetzt ein verdammtes Essen schuldig!

Die Ersatzbank

„Könntest du mir auf kurz, also so 14 Tage, bis mein erstes Gehalt kommt, 500 Euro leihen?", fragt mich Manfred, mein bester Freund, der mich ganz spontan in meinem Büro besucht.

Ja, das könnte ich. Aber eigentlich will ich nicht. Manfred ist bekannt dafür, eine Zahlungsmoral wie ein Raubritter zu haben, und Manfred hat schon viele „beste Freunde" gehabt, die mittlerweile seine besten Feinde sind, weil er ihnen Geld schuldet.

Manfred ist eigentlich ein Netter. Charismatisch, gutaussehend, er hat Humor. Er ist großzügig, wenn er es sich leisten kann und auch, wenn er es sich nicht leisten kann, und mit ihm um die Häuser zu ziehen, macht einfach Spaß. Er ist ein echter Bringer, wenn es um das Thema „Fun" geht.

Manfred war schon immer selbstständig. Da hat er hart gearbeitet, hart gefeiert und in den einschlägigen Kaffeehäusern des Schtetls immer gut und schnell Kontakte geknüpft. Zu Geschäftspartnern, die wirklich etwas „auf der Naht" hatten. Die waren dann Manfreds Freunde, weil – siehe oben.

Manfred hat auch bisher konsequent jedes seiner Unternehmen und Geschäfte in den Sand gesetzt. Weil er gearbeitet hat, bis ein wenig Geld da war und sich dann wie James Bond im Märchenland gefühlt hat und die Knete dann gerade mal wieder weggeballert hat – bevor es die Inflation frisst, natürlich.

Manfred war gnadenhalber als Geschäftsführer einer Firma eingesetzt, bis er sich über den „besten Freund", der ihn auf den Posten mit seinem eigenen Startkapital gehievt hat, ärgerte und deshalb Geschäfte an jenem vorbei tätigte. Der hat ihn dann achtkantig rausgeschmissen und die Butze dichtgemacht, was Manfred heute noch ärgert und was er als absolut ungerecht empfindet.

Dann hat Manfred eine eigene Firma mit einem gekauften GmbH-Mantel, dem Namen seiner Freundin und dem Startkapital eines anderen „besten Freundes" gegründet, wieder wie ein Blöder geackert und zum Zeitpunkt der höchsten Auftragslage mal ganz kurz 14 Tage Urlaub in den USA gemacht, leider dabei auch versehentlich „vergessen", dass die Entnahme von Firmengeldern in einer GmbH ohne Mitteilung an den „besten Freund und Gesellschafter" eine verdeckte Gewinnentnahme ist. Nicht schön.

Im Ergebnis wurde er nach seiner Rückkehr fast noch am Flughafen von einem aus Staatsanwaltschaft und Konkursverwalter bestehenden Empfangskomitee abgeholt.

Und jetzt sitzt er vor mir. Er hat schon wieder eine neue Stelle, diesmal in einem im wahrsten Sinne des Wortes durchsichtigen Geschäft, nämlich als Vertriebler von Fenstern für einen serbokroatischen Hersteller, diesmal als Angestellter.

Und bis das erste Gehalt kommt, hätte er gerne von mir ein auf „in 14 Tagen" befristetes, zinsloses Kleindarlehen von 500 Öcken, quasi nur, um den Kühlschrank zu füllen, bis, hehe, sein erstes Gehalt da ist. Wir kennen uns ja auch schon seit über 15 Jahren und ich wisse ja, dass er seine Schulden stets pünktlich zurückzahlt und es wäre ja nur für kurz und so sei das ja unter Freunden üblich und er hätte mir ja auch schon mal 300 Euro geliehen.

Das stimmt!

Ich hatte sie mir samstags geliehen, weil ich im Media-Markt keine Bankkarte dabei hatte, und sie ihm montags wiedergegeben.

Und ich hatte ihm schon einmal 100 Euro „für eine Woche" geliehen und dann drei bis sechs Monate drauf gewartet, weil ihm das „vollkommen entfallen" war.

Ich mag Manfred. Ich mag ihn wirklich. Ich betrachte ihn ehrlich als Freund. Und gerade deswegen, gerade weil ich ihn seit 15 Jahren kenne, will ich mein Geld eigentlich lieber für mich behalten.

Was tun? Ich könnte ihm natürlich sagen, dass die Wahrscheinlichkeit, ein Glas Wasser in der Wüste auszuschütten, in der Hoffnung, dass daraus eine Oase mit Trinkwasser entsteht, ungleich höher ist als die Wahrscheinlichkeit, dass er mir die Flocken in 14 Tagen oder je zurückzahlt, aber natürlich will ich auch nicht, dass er sein Gesicht vor mir verliert und außerdem dürfte ihm dieser Gang zu mir sowieso schon peinlich genug sein. Nehme ich wenigstens an, weil ich von mir auf ihn schließe.

Andererseits: Ich muss für 500 Euro auch arbeiten und bekomme sie nicht geschenkt.

Ein Sprichwort hilft weiter: „Verleihe kein Geld, wenn du es dir nicht leisten kannst, es nicht wiederzubekommen."

Nun, ich kann es mir leisten, gottlob, und so wage ich das Experiment und leihe ihm die Knete, um unserer Freundschaft Willen und weil ich ihn mag und weil wir uns seit 15 Jahren kennen und weil ich neugierig bin, ob es mir besser als seinen sonstigen Gläubigern ergeht.

Das war, ich gebe es zu, Anfang Dezember.

Um Silvester herum erhielt ich dann ein Lebenszeichen

in Form einer beantworteten SMS zum neuen Jahr. Aber kein Geld.

In der ersten Januarwoche rief mich Manfred dann an, ich solle ihm, warum auch immer, meine Bankdaten per SMS (und nicht jetzt hier am Telefon, weil, er hätte gerade nichts zum Schreiben da) mitteilen, er würde mir dann das Geld noch diese Woche, spätestens Freitag, überweisen. Ich hab das getan und seitdem hat er 500 Euro plus die Kosten einer SMS bei mir offen.

In der dritten Januarwoche sah ich ihn mit zwei neuen besten Freunden in der Fußgängerzone beim Spazierengehen, einem Immobilienmakler und einem Immobilienverkäufer, ich hab ihm noch zugewinkt, aber er hat mich nicht gesehen. Ich nehme an, er war gerade in Vertragsverhandlungen für einen großen Fensterauftrag.

Mittlerweile ist es Anfang Februar und ich habe seitdem alles, außer Manfred oder meinem Darlehen, gesehen.

Ich habe ihm einen Brief geschrieben. Und ihm die 500 Euro geschenkt. Daraufhin rief er mich wütend an, ich bräuchte ihm das Geld nicht zu schenken, er würde seine Schulden schon zurückzahlen. Ich wisse das und so sollten Freunde nicht miteinander umgehen.

Das war Mitte März. Wir haben September. Mein Geburtstag nähert sich. Ich traue mich nicht, ihn einzuladen. Denn in mir nagt die Frage: Gilt eine Schuldenrückzahlung als Geschenk?

Essen für den Weltfrieden

Da hänge ich gerade gemütlich in der Mittagspause herum, als mich die beste aller Frauen anwhatsappt, ob ich mit ihr „Mittag machen" will. Und weil ich mich ja sehr freue, wenn sie Zeit hat und weil ich mit ihr lieber Mittag als Babys mache, antworte ich mit ja. Und keine fünf Minuten später steht sie vor mir und fragt mich, wohin ich möchte. „Malediven" wäre zwar die korrekte Antwort, aber das schaffen wir nicht in 60 Minuten. Und weil Malediven nicht geht, sage ich „Malediven geht nicht, deswegen weiß ich es nicht. Wo willst du hin?" „Da am Eck hat ein Bioladen aufgemacht, das könnten wir mal probieren." Und, um es mir schmackhaft zu machen, was bei einem Bio-Laden per se nicht einfach ist, fügt sie ein „Man kann da auch draußen sitzen" hinzu.

„Draußen sitzen" ist gut, denn es ist ein warmer Frühlingstag, die Vögel singen, ich könnte nach dem Essen rauchen und außerdem ist die Aussicht auf den Parkplatz vom Aldi während des Essens einfach idyllisch. Vielleicht würden wir ja sogar einen Parkrempler sehen. Außerdem soll ich ja nicht alt und dafür offen sein und beim Edeka würde ich sowieso nur ein ungesundes Leberkäsbrötchen essen und mir eine Cola-Aspartam reinziehen. Warum also nicht einmal im gesunden Bio-Laden essen?

Die korrekte Antwort lautet: weil Bio-Läden Feindesland sind. Wie die Unterwäscheabteilung von Hunkemöller. Oder der Bike-Shop. Oder ein Orion-Laden. Ich scheue aus innerer Überzeugung vor allem zurück, was auch nur im Entferntesten etwas mit Pornographie oder „Nachhaltigkeit" zu tun hat. Für mich hat beides etwa Exhibitionistisches. Eine Art

„schaut her, wie ekelhaft tolerant und weltoffen ich bin". Bin ich ja eigentlich nicht. Also tolerant und weltoffen. Ekelhaft schon. Eigentlich würde ich nämlich jetzt gerne und lieber zu McDonald's. Aber dann wird morgen auf der Waage wieder viel geweint und ich will doch zeigen, wie tolerant und weltoffen ich bin. Ich habe eine Tarnung aufrechtzuerhalten.

Und so finden wir uns keine fünf Minuten später vor der Mittagstheke vom Bioladen wieder. Die Auswahl ist riesig: Es gibt Karotten-Spinat-Quiche (ohne Gluten), Kichererbsen-Mais-Stückchen (ohne Gene), Dinkel-AloeVera-Hörnchen (ohne Allergene), Petersilie-Knoblauch-Dressing (ohne Salat), Avocado-Grieß-Falafelbällchen (ohne Spaß) und eine etwas vertrocknet wirkende Bioladenbäckerin (ohne gute Laune).

Es gibt nur nicht etwas, was mir irgendwie im Entferntesten schmecken könnte. Die komplette Auswahl klingt nach dem übriggebliebenen Büfett einer vorzeitig und zu Recht verlassenen Wahlparty der Grünen. Eigentlich fehlt mir nur noch ein Transparent über der Theke, auf dem in großen Lettern „Ja, das Zeug schmeckt scheiße, aber dafür rettet Ihr die Wale und den Regenwald" steht. Da ich aber nicht gedenke, meinen ökologischen Fußabdruck durch Verhungern der Erde zu entziehen, entscheide ich mich für eine Rhabarber-Ingwer-Nudelholz-Brezel mit mehrfach gesegnetem Meersalz aus dem Baikalsee und einen Hafer-Weizenkleie-Ananas-Donut. Dazu als Getränk eine biologische Limonade aus natürlichem Mineralwasser in der Geschmacksverirrung Mango-Holunder-Gurke. Für mein Gutes-Gewissen-Essen lege ich schlanke zwölf Euronen auf den Tisch des Reformhauses und suche mir ein schattiges Plätzchen (ohne künstliche Aromen) in der Sonne.

Meine Traumfrau hat sich irgendetwas grünschimme-
lig Gefärbtes aus Teig gekauft, einmal reingebissen, ange-
widert geguckt und mich dann gefragt, ob ich probieren
will. Will ich nicht. Sie hat es bestellt, sie soll es zur Strafe
ganz alleine essen. Ich helfe ihr nicht! So leicht kommt sie
mir nicht davon.

Die besinnliche Zeit vor dem ersten Bissen erlaubt es
mir, das biologische Publikum in Augenschein zu nehmen.
Jetzt, um die Mittagszeit, sind das zwei schlanke Herren im
reifen Alter, die so Kasperfahrradanzüge tragen und sich
nicht die Mühe gemacht haben, die halben Walnüsschen,
die sie als Helm tragen, zum Essen abzunehmen, sowie
mehrere Damen zwischen 55 und 65 mit „Nie-wieder-Sex"-
Kurzhaarschnitten, die biologisch einwandfreie und abbau-
bare silberne Farben haben. Die tragen Kleidung, die selbst
KiK peinlich wäre, und haben kein Gramm Fett zu viel.
Und auch keinen Mann. Typ „emanzipierte Lehrerin für
Englisch und Sport". Genau der Typ Frau, der „Meine Pussy
gehört mir" ruft und dem ich als Mann gerne „Genau! Und
Ihr dürft sie auch behalten!" entgegenrufen möchte. Aber
ich bin ja total tolerant und rufe nichts entgegen.

Sondern beiße in den Bio-Abfall vor mir.

Sagen wir es so: Ich brauche weder Wale noch Regenwälder. Es schmeckt nach – nichts. Es ist, als würde ich in eine
geschmacklose Wolke beißen. Ähnlich wie bei McDonald's,
nur ohne den Geschmack von Fleisch, Gurken, Senf, Brot,
Salz und Pfeffer und diesem einen Scheibchen traurigen
Schmelzkäse. Das Ganze ist eine puristische Offenbarung.
Ein Essen, das Haltung und Lebenseinstellung ausdrückt,
sofern diese geschmacklos ist. Ein Essen, das den Zweck

der Nahrungsaufnahme auf genau das reduziert. Wahrer Genuss liegt nämlich im Verzicht. In der Reduzierung. Im Bewusstsein, nachhaltig gegessen zu haben. Und die Welt ein wenig besser gemacht zu haben. Mit diesem Zeug habe ich den Großkonzernen eins ausgewischt und das Finanzkapital in die Schranken gewiesen. Und aufgrund der Ballaststoffe werde ich später sogar ... – aber lassen wir das.

Während die Traumfrau lustlos und geistesabwesend an ihrer biologisch abbaubaren Nahrungssimulation lutscht, versuche ich, das Zeug einem streunenden Hund anzudrehen, dessen Herrchen soeben 100 Euro in Dosenpfand in den Aldi geschleppt hat, aber der Hund dreht sich angeekelt weg. Er ist Besseres gewohnt. Ich auch.

So bleibt mir nichts anderes übrig, als das Schaumgummizeug irgendwie mit dem seltsamen Getränk nach unten zu würgen, denn wegwerfen kann ich es nicht, weil dann hungernde afrikanische Kinder böse auf mich sind und die in Griechenland angestrandeten Schutzsuchenden froh wären, wenn sie auf Nichts herumbeißen könnten und ich gelobe, nie mehr über Asiaten zu lästern, die Hunde, Wale oder rohen Fisch verspeisen. Sie müssen vorher im Bioladen gewesen sein.

Facebooken

Jaja, Facebook. Braucht man. Hat man mir gesagt. Facebook. Total wichtig! Weil, ehm, also, auf jeden Fall, wie auch immer, es ist total wichtig. Für den Zuckerdingens, dem Facebook gehört. Der lebt davon. Ziemlich gut, habe ich mir sagen lassen. Und man kann tolle Sachen machen. Beispielsweise kann man lesen, dass Uschi Müller, damals Banknachbarin in der 10a, gestern um 15.33 Uhr Blumen gegossen hat. Das ist eine wichtige Information. Für die Blumen. Nicht für mich.

Oder dass Klaus Schmidtbauer, der mich mal böse vermöbelt hat, nächste Woche bei einer extrem unbekannten puertoricanischen Akkordeonkapelle auf Konzert ist. Das ist gut zu wissen, damit ich weiß, wo ich keinesfalls hingehe. Wenn ich möchte, kann ich aber jetzt die puertoricanische Akkordeonkapelle zu meinen Freunden hinzufügen. Und ihnen dann all mein Leid klagen und meine Probleme von der Seele reden, weil dazu Freunde da sind. Wenn ich denn mit einer puertoricanischen Akkordeonkapelle befreundet sein will. Will ich aber nicht. Ich finde Akkordeons doof. Puertoricaner vom Grunde her auch. Aber es gibt keinen Button „zu Deinen Feinden hinzufügen". Das ist Müll. Das muss er nachbessern, der Zuckerdingens.

Gerade kommt die Nachricht herein, dass die beste Freundin meiner Ex-Freundin sich ein YouTube-Video über Klapperschlangen angesehen hat. Und das will sie jetzt mit mir teilen. Weil ich sie aber kenne, weiß ich nicht, was ich noch über Klapperschlangen erfahren könnte. Wahrscheinlich hat SIE DENEN was beigebracht. Aber das sag ich ihr nicht. Weil ich furchtbar nett bin.

Bärbel, meine Schwester, hat ein Bild gemalt. Das Bild ist hässlich. Aber nicht so hässlich wie sie. Aber es gibt keinen Button für „Du hässliche alte Wachtel". Und keinen Button für „Das Bild ist Müll. Schmeiß es weg oder leg den Hamsterkäfig damit aus".

Ich sitze hier und kriege am laufenden Band Informationen über sinnlose und lapidare Tätigkeiten von Leuten, die ich im Leben zweimal gesehen habe. Und das hat mir auch schon gelangt. Und jetzt muss ich zur Kenntnis nehmen, dass sie Kochrezepte für „Tiramisu con Salmonelle" suchen. Ausgerechnet bei mir. Ich kann Dosenravioli.

Anette ist immer noch Single. Hat wohl die Trennung damals nicht verwunden und sucht jetzt einen „netten fröhlichen Mann, gerne auch mit Kindern, der gerne kuschelt". Nicht einmal die Kinder will sie selbst machen, die doofe Nuss. Ich weiß schon, warum ich damals gegangen bin. Die war so spannend und aufregend wie ein Tag bei Facebook. Aber vielleicht hat sie ja Glück und findet einen genauso langweiligen Löffel. Dann können sich beide über Facebook schön anöden.

Nebenan poppt Werbung auf. Für Fältchencreme, Pflegeversicherungen und Erwachsenenwindeln. Ich hätte beim Geburtsdatum nicht schummeln sollen. Das habe ich davon.

Facebook, tolle Sache! Endlich bin ich mit Menschen befreundet, denen ich bisher in der Realität tunlichst aus dem Weg gegangen bin. Danke, Zuckerdingens. Das hat der Welt ungefähr so sehr gefehlt wie die Schweinegrippe.

Ich geh jetzt meinen Twitter-Account einrichten. Ihr könnt mir ja folgen – aber eigentlich bitte lieber nicht. Twitter braucht man. Ist total wichtig.

Das kannst du deinem Friseur erzählen ...

Ich bekenne mich schuldig: Ich gehe gerne zum Friseur. Man sitzt da nett in einem Stuhl, bekommt einen Kaffee und manchmal ein Stück Kuchen und wenn man, wie ich, Angst vor Schönheitsoperationen hat, dann auch noch nebenbei einen hübschen und meist schmerzlosen Haarschnitt des Resthaupthaares. Und ein Gespräch kriegt man auch. Vom Friseur.

Ich glaube, es war Theodore Roosevelt, der gesagt hat: „Ich bin sehr glücklich, in einem Land mit derart fähigen Männern zu leben, die wissen, wie man die Weltwirtschaftskrise löst, die Staatsverschuldung senkt und den Haushalt ausgleicht. Leider sind alle diese Menschen mit Haareschneiden und Taxifahren beschäftigt."

Nun, letzte Woche war ich mal wieder bei meinem persönlichen Friseur. Der kann Haare schneiden wie Gott persönlich und ist außerdem homosexuell, was zwei Grundvoraussetzungen für eine lange, intensive und haarige Geschäftsbeziehung sind.

Und ich hatte schlechte Laune und wollte einfach nur einen Haarschnitt und meine Ruhe. Das ist nun aber kein Ding meines Friseurs. Also nicht das mit dem Haarschnitt, sondern das mit der Ruhe. Und dann fragt er mich, wie es mir geht.

Es geht mir schlecht. Ich habe heute Morgen massiv einen Vorgang verbockt, mein Ältester hat einen Sechser in Physik abgeliefert, die Mittlere ihre Periode gekriegt und der Jüngste einem Mitschüler einen Nasenstüber verpasst, sodass der andere Knabe blutete und wir einen Anruf von der

Schule bekamen. Mein Konto ist überzogen, deswegen ist meine Frau am Maulen und jenes eine Muttermal an einer sehr intimen Stelle sieht etwas seltsam aus. Mein Tag ist gelaufen und all das geht meinen Friseur einen Scheißdreck an.

Er soll mir heute bitte nur „einmal Haare schneiden mit ohne Gespräch" und die Klappe halten.

Jetzt kann ich ihm das aber nicht sagen und außerdem meint er es ja nur nett und vielleicht schneidet er mir sonst ein Ohr ab, aus Rache und weil er es kann und weil ich da mit einem Ganzkörperschlabberlatz völlig wehrlos in seinem Stuhl sitze.

Also ändere ich meine Taktik und sage: „Ach, ich knoble den ganzen Tag schon an einer Formel herum, die die Ausdehnung der Zeit im Universum erklären und damit Zeitreisen möglich machen könnte".

„Aha", sagt er und schnippelt und ich denke mir, dass das soeben ein vortrefflicher und ziemlich cleverer Mannstopp war.

„Die Zeit...", sagt er nachdenklich und schneidet ein paar Haarspitzen.

„Du siehst die Zeit als linear an, gell?" *schnippschnipp* „Ganz klassisch: gestern, heute, morgen" *schnippschnapp* „Hast du dir schon mal überlegt, dass das falsch sein könnte?"

Nanu?! Mein Friseur, das Physik- und Philosophiegenie?

„Wie meinst du das?" frage ich ihn neugierig.

„Najanaja...", *schnippschnipp* „ich erzähle dir ja nichts Neues. Vielleicht liegt ja Heisenberg im Grunde doch falsch, wenn er behauptet, dass zwei komplementäre Eigenschaften eines Teilchens nicht gleichzeitig beliebig genau messbar sind. Möglicherweise stimmt ja die Unschärferelation zwischen Energie und Zeit nach der Heisenbergschen Definition nicht." *schnippschnipp* „Dass die Zeitunschärfe Delta t angeblich nicht als statistische Streuung definierbar sein soll, da die Zeit in der Quantenmechanik angeblich nur ein Parameter und kein Operator sein soll, halte ich für gewagt und nicht der Weisheit letzter Schluss."

Schnippschnapp und die Nackenhaare fallen.

„... und nur, weil er behauptet, dass Delta E Delta T größer ungleich H ist, muss das noch lange nicht richtig sein ..." Er macht sich ans Haupthaar. *schnipp*

Ich gestehe, dass ich das Gespräch in diesem Moment geistig verlassen habe, da ich von Quantenmechanik weniger Ahnung als das Meerschweinchen meiner Tochter habe, aber mein Friseur ist jetzt so richtig in Fahrt.

„Die haben dem Typen dafür den Nobelpreis verliehen, aber meinst Du, irgendjemand käme mal auf die Idee, Zeit nicht als lineares Modell, sondern als Kugel zu betrachten?" *schnippschnipp*

Nein, darüber habe ich mir noch nie Gedanken gemacht, aber ausgerechnet vor meinem verdammten Friseur werde ich mich jetzt nicht als quantenphysischer Laie outen.

„Ehm, das ist interessant", sage ich, damit ich überhaupt etwas sage.

„Und dann diese geradezu unglaubliche und stümperhafte Behauptung, ein Teilchen in einem endlichen Intervall Delta X größer Null erfülle die Standardabweichung für den Impuls in der Ungleichung Omega P Delta X größergleich pi Intervall (und da gilt das Gleichheitszeichen frecherweise nur für die Cosinusfunktionen), dazu gehört schon eine gehörige Portion Arroganz und Chuzpe, das so zu formulieren, ohne auch nur einmal ansatzweise einem viel logischeren Gedankenansatz zu folgen! Aber das kommt eben dabei raus, wenn man Impulsmengen nur an den Teilchen misst, die im Intervall Delta X sind."

Schnippschnipp

„Und dann stellt sich ein Blender wie Niels Bohr auch noch hin und ist sich nicht zu blöde, in der Kopenhagener Interpretation Quantenmechanik nicht nur als nichtreal, sondern auch noch als nichtlokal zu bezeichnen. Und das nur, weil angeblich der Zustandsvektor eines quantenmechanischen Systems gleichzeitig überall die Wahrscheinlichkeitsamplituden festlegt." *schnipp*

„So", sagt er, „fertig". Er hält mir einen Spiegel hinter den Kopf, damit ich das Werk in meinem Nacken bewundern kann. „Du solltest deine Theorie also dahingehend noch einmal überarbeiten", sagt er auch. Und fragt: „Isses so recht?"

Ja, so ist es recht und schön geschnitten und außerdem hat er nebenbei soeben die Quantenmechanik auf den Kopf gestellt. Ich gehe an die Kasse, zahle, lege noch zwei Euronen in die Trinkgeldbox drauf und frage ihn, ob er meinem Sohn wohl Nachhilfe in Physik geben könnte.

„Physik?", fragt er mich erstaunt „Sehe ich so aus, als würde ich mich damit auskennen?"

Nein, tut er nicht. Er sieht einfach nur wie ein unschuldiger homosexueller Friseur aus. Ich gehe und werde ihn das nächste Mal fragen, was er meint, wie die griechische Schuldenkrise gelöst werden könnte.

Ich kann noch viel von ihm lernen.

Helft den Blinden

Ich sitze ziemlich arglos in meinem Büro und forsche nach dem Inhalt meiner Nase, als das Telefon klingelt.

Nun ist es so, dass ja durchaus die Möglichkeit besteht, dass ein Kunde am Hörrohr ist und mir ein Anliegen mitteilen möchte, das mir Geld einbringt. Also hebe ich ab.

Die Stimme am anderen Ende der Leitung klingt ein wenig traurig. „Spreche ich mit Herrn Thilo Schneider"? Ja, tut sie.

„Mein Name ist Susanne Bichler von den Vereinigten Blindenwerkstätten." Sie klingt verzweifelt. „Wir haben im Moment Auftragsprobleme und wir haben uns gefragt, ob Sie uns vielleicht etwas abnehmen würden, um unseren Blinden zu helfen", und ich bilde mir ein, ich höre einen kleinen Schluchzer.

Nun habe ich ja grundsätzlich nichts gegen Blinde. Zumal, wenn sie Bürsten basteln und Abtrockentücher weben. Oder beim Grand-Prix singen. Aber ich lehne es aus meinem tiefsten Inneren heraus ab, mir ein schlechtes Gewissen machen zu lassen, wenn ich den armen Blinden nichts abkaufe.

„Ja", sage ich, „Und? Zu welcher Antwort sind Sie gekommen?"

Die verzweifelte Blindenproduktverhökerin am anderen Ende stutzt: „Wie meinen Sie das?"

„Naja, Sie haben sich doch gefragt, ob ich etwas abnehme, um den Blinden zu helfen. Und jetzt interessiert es mich, zu welcher Antwort Sie gekommen sind ..."

Da, jetzt kann ich sie lächeln hören. Es ist so einfach, Menschen glücklich zu machen.

„Hehe, haben Sie denn unsere Produkte schon einmal gesehen?"

„Hehe", gebe ich zurück, „haben SIE sie denn schon einmal gesehen?"

Sie kichert. Dann wird Frau Bichler aber wieder verbindlich. „Wir wären schon dankbar, wenn Sie eine Kleinigkeit abnehmen würden, Sie würden den Blinden damit helfen."

„Was nutzt es den Blinden, wenn ich eine Diät mache?", frage ich, aber Susanne übergeht meine Frage. „Wissen Sie, wir dürfen nämlich nur noch Auftragsarbeiten machen", sie klingt wieder betrübt, „… und wenn wir nicht genug Aufträge haben…", jetzt wird der Ton traurig und sie senkt die Stimme, „… dann müssen wir unseren Betrieb schließen…", jetzt klingt sie verzweifelt, „… und die Blinden stehen wieder auf der Straße…"

„… UND SIE DRECKSACK SIND SCHULD", gellt es in meinem Gewissen…

„Das ist ja FURCHTBAR", sage ich, tief berührt, „was MACHEN DENN DIE ARMEN BLINDEN DANN?"

„Tja", kleiner Schluchzer, „die stehen dann wieder auf der Straße…"

Vor meinem geistigen Auge sehe ich hunderte von Blinden mit hunderten von Blindenhunden und hunderten von Blindenstecken auf der Straße stehen, ein jeder von ihnen mit einem Schild um den Hals: Schneider ist schuld! Schneider ist schuld!

Ich bin aufrichtig mitverzweifelt: „Ja, können die denn nicht arbeiten gehen? Die könnten doch, zum Beispiel, für die Bundeswehr in Kroatien Minen suchen… wegen des Tastsinns und so…"

Auerha. Jetzt wird Susi sauer: „Sagen Sie, Herr Schneider, wollen Sie mich auf den Arm nehmen?"

„Ach wissen Sie", entgegne ich, „Humor ist das Einzige, was mir geblieben ist ...", ich senke die Stimme „nachher kommt der Gerichtsvollzieher, um bei mir zu pfänden ...", ich schlucke hörbar, „... mein Auto ist jetzt acht Jahre alt und total kaputt, ich brauche einen neuen Motor...", kleines Schluchzen, „... und letzte Woche...", großer Schluchzer, „... und letzte Woche...", ich schniefe hörbar, „... wurde mein Hund Hasso von einem Bierlaster überfahren. Einem Bierlaster!", ich putze mir geräuschvoll die Nase, „... ich bin allein... keiner kann mich leiden...", lautes Röcheln, „... ich bin so froh, dass Sie angerufen haben... haben Sie ein paar Minuten Zeit? Ich könnte Ihnen von meinen Verwandten Sachen erzählen, SACHEN, das glauben Sie nicht, wie gemein die sind..."

„Ah ja", Susanne klingt jetzt ganz geschäftsmäßig und ein wenig kalt „... Sie wollen den Blinden also NICHTS abnehmen... (Sie SAU)"

„Ach, ich würde ja... aber die Blinden wollen ja auch nur Geld... alle wollen nur Geld... nur Sie, Sie hören mir zu... nicht auflegen..."

KLACK – *Tüüüt*

Schade. Ich hatte mir jetzt noch so eine nette Geschichte über krebskranke, einbeinige Waisenkinder zurechtgelegt, die keine Spielsachen haben und ihren Lebensunterhalt in den Eisenminen verdienen müssen.

Vielleicht beim nächsten Anruf.

In 14 Tagen ist auch noch ein Tag

Es ist ja manchmal im Leben so: Man startet morgens den Motor des geliebten Familienfahrzeugs und dann macht es statt „rnnnn" einfach nur „krk".

Nun, jeder normale Kraftfahrer weiß, dass es ein sehr ungutes Zeichen ist, zumal bei einem etwas betagteren Familienkutschenwagen, dessen in die Sitze eingebrannten Kekskrümel von mehreren Kindern die ursprüngliche Musterung der Polster in die surrealistische Gedankenwelt eines verrückten Innendesigners verwandelt haben, wenn der Motor nur „krk" und nicht „rrnnn" macht. Das bedeutet, dass man, entgegen der landläufigen Meinung, eher das Auto als die Ehefrau wechseln muss.

Da ist es dann schön, wenn man ein warmes Polster bei einer freundlichen Bank hat, die lächelnd das Darlehen für ein nigelnagelneues Auto bewilligt, natürlich nicht ohne vorher drei Bankbürgschaften, den Erstgeborenen und den Verzicht auf die eigene Seele gefordert zu haben.

Ich schnappe Frau und Kinder und wir gehen „Autos gucken". Und tatsächlich, bereits im 23. Autohaus werden wir fündig. Meiner Frau gefällt das Heck und die Kühlerhaube, die Inneneinrichtung und das Interieur, der Preis, die Gangschaltung, das zu tankende Benzin und auch die Marke gefällt ihr. Mir gefällt, dass ich nicht noch in das 24. Autohaus muss und ich hätte ihr an dieser Stelle auch einen Traktor gekauft, Hauptsache, wir bringen das endlich hinter uns. Es wird ihr Auto, also wird sie es sich sorgfältiger aussuchen als ihren eigenen Ehemann. Ist ja auch eine Wertanlage.

Mit dem Verkäufer sind wir uns schnell handelseinig und wir bekommen sogar noch zwei Fußmatten, einen Kuli und eine Tüte Bonbons dazu, unterschreiben den Kaufvertrag und können schon nächste Woche das Auto abholen, hurra.

Leider allerdings hat der Hersteller in der nächsten Woche Betriebsferien, mitten im Februar, und deswegen dauert es noch zwei Wochen länger, allerspätestens aber Anfang März.

Gut, drei Wochen kommen wir auch mit einem einzigen Auto zurecht, wir teilen uns eben die Fahrten. Als ich Anfang März anrufe, ist leider in Japan eine Springflut gewesen und ein Atomkraftwerk explodiert. Der Zulieferer, der die Komponenten für die Metalliclackierung liefert (was immer das sein soll), klaubt im Moment die Reste seiner Firma aus den Trümmern und schaut nach überlebenden Mitarbeitern, sodass das locker Mitte März wird.

Während wir uns bis Mitte März den Zweitwagen der Schwiegereltern leihen, der leider zwölf Liter Super auf 100 Kilometer schluckt, wird der Verkäufer krank und niemand kann uns sagen, warum das Auto nicht da ist, aber man meldet sich in einer Woche wieder, versprochen. Nachdem sich dann 14 Tage niemand rührt und meine Bank Bereitstellungszinsen für das Darlehen kassiert, erfahre ich, dass mein Verkäufer in Urlaub gegangen ist, anscheinend hat er seine Provision schon bekommen, aber er ist in zwei Wochen ja wieder da und kann dann gucken, was mit meinem Auto ist.

Mitte April ist mein Verkäufer, der Herr lobe und preise seinen Namen, endlich wieder von den Seychellen zurück und hat gleich nach seiner Ankunft, quasi noch am Gepäckwarteband des Flughafens, beim Hersteller angerufen und gefragt, wo mein Auto bleibe, und er hat gute Nachrichten für mich: Das Auto ist bereits in Behindmoonhome in den USA vom Band gerollt. Allerspätestens – also ALLERSPÄTES-TENS – wird es Anfang Mai VERSCHIFFT.

Auf meine Nachfrage, warum es bis zur verdammten Verschiffung 14 Tage dauert, erfahre ich, dass in Deutschland die Lokführer streiken, weswegen Ersatzpersonal aus den USA eingesetzt werden muss, was wiederum bedeutet, dass es auf den Strecken in Amerika zu Verzögerungen kommt. Man könne zwar auch mit dem Auto zum Hafen fahren, aber ich wolle sicher keinen Gebrauchtwagen mit 2000 Kilometern auf dem Buckel kaufen und es sind ja auch nur 14 Tage und danach dauert es noch sieben Tage und *schwupps* schon ist das Auto bei mir. Außerdem könnten wir wirklich froh sein, schließlich haben in Japan die Metalliclackierungkomponentenhersteller Heim und Hof verloren und ich muss nur ein paar blöde Tage länger warten, bis mein blödes Auto kommt. Das muss man auch mal in der Relation sehen.

Mitte Mai erhalte ich auf Nachfrage die Auskunft, dass ausgerechnet das Schiff mit meinem Auto im Roten Meer von Piraten gekapert wurde. Ich traue mich nicht nachzufragen, wie besoffen ein Kapitän ist, der von New York nach Hamburg den Weg um komplett Afrika nimmt, um in den Suez-Kanal zu gelangen. Immerhin geht es mir besser als den japanischen Komponentenklebern.

Anfang Juni, der Sprit und die Bereitstellungszinsen haben mittlerweile einen zweistelligen Prozentsatz des ursprünglichen Kaufpreises erreicht, ENDLICH die erlösende Nachricht: Mein Auto steht in Hamburg am Hafen! Ich solle mir schon mal die Zulassungsnummer von der Versicherung geben lassen, in ALLERSPÄTESTENS einer Woche isser da, der neue Familienfreund.

Und er wäre auch Mitte Juni dagewesen, wenn der Zoll nicht ausgerechnet mein Auto für eine Radioaktivitätsstichprobe ausgewählt hätte. Aber bereits nach einer Woche gibt der Zoll für mein Auto Entwarnung: Die Strahlenbelastung ist unterhalb jener Grenzwerte, die man bei täglich acht Stunden im Röntgenapparat abgreift. Leider steht mein Auto aber jetzt bei der Polizei, weil sie während der Strahlenmessung Heroin in der Verkleidung des Beifahrersitzes gefunden haben. Aber das dauert MAXIMAL 14 Tage, dann ist alles klar.

Gut, kann man nix machen und außerdem jobbt ja meine Frau jetzt auch an der Tanke, damit wir die Benzinkosten und die Bereitstellungszinsen reinkriegen.

Mitte Juli ruft mich mein Händler mit freudigem Jubel an. Der Wagen ist wieder freigegeben und die Lackschäden von der Messung sind auch behoben, sie bauen jetzt endlich das Navigationssystem ein. Auf meine, sicher im Ton etwas unangemessene Nachfrage, warum das VERDAMMTE Navigationssystem nicht schon im Amiland eingebaut wurde, erklärt mir mein Autoverkäufer ruhig, aber bestimmt, dass die Komponentenjapaner nebst Komponentenjapanerfamilien im Moment in Zelten hausen und man das in der Relation sehen müsse.

Mitte August – meine Frau schiebt statt einer Schicht nun Doppelschichten an der Tanke und prostituiert sich gelegentlich – kommt die erlösende Nachricht: Das Auto ist da. Beim Händler. Auf dem Hof. Kann besichtigt werden. Während im Hintergrund des Telefonats meine Kinder schon Luftballons zur Feier des Tages steigen lassen wollen, erfahre ich von einem klitzekleinen Schönheitsfehler: Der Fahrzeugbrief ist verschwunden. Weg. Fort. Niemand weiß, wo der Fahrzeugbrief ist. Aber, so beruhigt mich mein AutoARSCHLOCH, das ist normalerweise kein Problem. Das Fahrzeug muss nur einfach beim TÜV vorgefahren werden, die schreiben dann einen neuen Brief aus. Er wird da Druck machen, dann ist das ratzfatz in 14 Tagen über die Bühne.

Ende September erfahre ich, dass mein Fahrzeug nicht beim örtlichen TÜV, sondern beim TÜV in Hamburg vorgefahren werden musste, und die haben da bemerkt, dass der Rußpartikelfilter fehlt, deswegen könne das noch etwas dauern. Als ich die Worte „14" und „Tage" in den Hörer tropfen lasse, erklärt mir mein Autoverkäufer, dass das aber die ALLERLÄNGSTE Frist wäre.

Inzwischen ist es Dezember, mein Erstfahrzeug habe ich verkauft, weil wir es uns nicht mehr leisten können, als Ersatz gab es Fahrräder und ich habe schon 15 Kilo abgenommen. Teile unseres Hauses haben wir mittlerweile vermietet, um das Darlehen bedienen zu können.

Alle 14 Tage telefoniere ich mit meinem Autoverkäufer, einfach nur interessehalber, um mal zu hören, wo sich mein Auto momentan befindet. Wir haben auf einer Weltkarte die Stationen des Autos markiert und eine wilde Zickzacklinie herausbekommen.

Wir fahren Fahrrad und mein Auto schaut sich die Welt an. So muss das sein. Aber er kommt. In 14 Tagen!

Nur ein paar Kleinigkeiten

Das Leben insgesamt ist ja eine tolle Sache. Da gibt es Menschen, die „mit dem Herzen sehen" und sich an den Kleinigkeiten des Lebens erfreuen können. Gänseblümchen am Wegesrand, ein unbeschwertes Reh, das fröhlich über eine Lichtung springt, bevor es in die MG-Garbe eines Waidmannes rennt, ein glückliches Vogelzwitschern, das Dich morgens aus dem Schlaf plärrt oder einfach der Mercedes, den Du beim Einfädeln geschnitten hast und der sich hinter Dir einreihen muss. So viele Dinge bringen kleines Glück.

Isses nicht schön?

Ich persönlich halte mich selbst auch für einen dieser positiven Menschen, aber trotzdem…

Trotzdem gibt es Kleinigkeiten, die mir furchtbar auf den Keks gehen.

Am allermeisten stört mich die Kleinigkeit, dass es offensichtlich Menschen gibt, die nicht in der Lage sind, einen verdammten Klodeckel zu schließen. Es scheint eine Untergattung des Homo sapiens zu geben, die sich völlig außerstande sieht, eine so simple mechanische Vorrichtung wie einen Toilettendeckel zu bedienen. Aufklappen, Geschäft verrichten, zuklappen.

Was, zur Hölle, ist daran so schwer zu kapieren? Was geht in einem Artgenossen vor, der ein Klo betritt, den Deckel hochklappt, tut, was er tun muss, und dann den Deckel oben lässt? Ist das Faulheit? So nach dem Motto „Ach nee, ich hab gerade eben meine Körperausgänge saubergemacht, das war jetzt schon Anstrengung genug"? Soziale Überlegungen, weil er seinem Nachfolger schlicht den Handgriff des Deckelöffnens ersparen möchte? Vielleicht gar eine subtile Form des Widerstands gegen gesellschaftliche Normen, intendiert von der Parole „Nur weil alle das so machen, mache ich es eben nicht"? Oder ist es eine bizarre Phobie aus der Kindheit, dass sich während des Geschäfts ein höllischer Dämon auf dem Deckel festgekrallt hat, der unseren Wanderer überraschend anspringt, wenn dieser arglos wieder den Deckel schließt? Ich weiß es nicht und ich will es, offen gestanden, auch nicht wissen. Ich weiß nur, dass ich es hasse, eine Toilette zu betreten, in der mich eine Kloschüssel erwartungsvoll mit offenem Maul anstarrt und mich auffordert, mich auf jenes Maul zu setzen. Und dann überraschend scharfzahnig zuklappt, sobald meine Haut nur den Rand der Brille berührt. Wie eine Venus-Fliegenfalle. Gut, vielleicht habe ja auch ich irgendwo einen frühkindlichen Schaden erlitten und bin irgendwie mal in eine Toilettenschüssel geplumpst.

Apropos „frühkindlicher Schaden": Ich muss als Kleinkind einmal einen Film gesehen haben, in dem jemand enthauptet wurde. Ich kann es nämlich nicht, absolut nicht ausstehen, wenn Leute ihr Frühstücksei köpfen. Was bitte soll DAS denn darstellen? Was lauert hinter einer zivilen Fassade bei einem Menschen, der bei einem harmlosen Frühstücksei das Messer ansetzt und *zack* – dem Ei die Rübe abhaut? Welche dämonische Intention verbirgt sich da? Welche psychologische Untiefe bricht sich hier Bahn? Mir jagen solche Zeitgenossen Angst ein.

Ich glaube tief in mir drin, dass jemand mit dieser Angewohnheit seine Mitmenschen genauso behandelt wie sein Frühstücksei. „Was, du willst nicht, wie ich will? *Zack* – Rübe ab". Im übertragenen Sinne natürlich. Ich glaube sogar, dass es interessant sein könnte, bei Mördern, ehemaligen SS-Angehörigen, Folterknechten und Diktatoren nachzuforschen, wie sie ihr Frühstücksei behandelt haben. Ich möchte sogar wetten, dass Stalin und Hitler zu den Köpfern und Mahatma Gandhi und Jesus zu den Klopfern gehörten. Furchtbar.

Und weil wir gerade bei Nahrung sind: Ich empfinde es zutiefst respektlos, ja geradezu beleidigend, wenn mir jemand ein Stück Kuchen auf den Teller hebt und das Teil umfallen lässt. Wozu gibt es Tortenheber, hmm? Was hat sich der Erfinder des Tortenhebers wohl gedacht? Dachte er, er entwickelt das, damit man den Kuchen umschmeißt? NEEEIIIN, der wollte, dass ein Stück Torte angehoben und GENAU SO auch wieder abgesetzt wird. Und begreifen das die Tortenbäckergastgeber? Achtlos wird die Torte auf den Teller geschaufelt und dann umgeschmissen. Das schmerzt mich. Wenn ich eine Torte will, die auf der Seite liegt, dann schnapp ich mir zwei Gabeln und balanciere sie auf den Teller. Oder backe gleich seitlich.

Es ist ja nicht so, dass mein Lebensglück von Klodeckeln, Eiern oder Tortenstücken abhinge. Es sind wirklich nur Kleinigkeiten. Lächerlich. Nicht erwähnenswert.

Aber VERDAMMT NOCHMAL. ICH HAB AUCH DAS RECHT, MICH ÜBER SCHEISS AUFZUREGEN.

So.

Hat gutgetan.

Das musste mal gesagt werden!

Eine Geschichte in Konjunktiven

Jeder kennt diesen Zeitgenossen. Ich sitze in meinem Büro, simuliere ein wenig Arbeit, schiebe Papierstapel von einer auf die andere Seite (mache ich morgen – ganz bestimmt) und bin ansonsten mit dem Universum im Einklang.

Und da geht die Tür auf. Es ist Superschwätzer, nach seiner Ansicht mein bester Freund, der an einem Überhang Zeit leidet und mir nun unbedingt ein Gespräch geben will. Er will es nur ganz kurz machen, quasi mal kurz was fragen, also, nicht dass ich denke, es wäre etwas Wichtiges, er will mich auch nicht lange von der Arbeit abhalten, ich hätte ja schließlich noch was anderes zu tun, wäre schon klar, hehe, also nur ganz kurz und ich könne ruhig sagen, wenn es jetzt schlecht wäre, kein Problem.

Also sage ich brav: Rüdiger, im Moment ist es schlecht.

Und genau das ist die falsche Antwort.

Denn jetzt hat mich Rüdiger am Schweif. Was ich mache, will er wissen und wie die Geschäfte, hehe, so gehen und eigentlich will er nur kurz fragen, was ich am Sonntagabend vorhabe, weil, er hätte da eine Idee, das hätten wir schon lange nicht mehr gemacht und seine Frau sei nicht da und da hätte er Zeit, weil ich ja wüsste, dass sie es nicht so gern sieht, wenn er mit mir unterwegs ist, aber das „treibt" er ihr noch aus (nach 15 Ehejahren!) und eigentlich hätten wir das schon letzte Woche machen können, aber da hätte er mich nicht erreicht, ich wäre überhaupt so schlecht erreichbar in letzter Zeit, obwohl, wäre auch egal, weil er letzte Woche eh nicht so richtig auf dem Damm war, also eine leichte Grippe, also nichts Ernstes, da hätte er schon ganz andere Krankheiten

gehabt, wenn er da an die Darmgrippe im Herbst dächte, oi-
oioi, sein lieber Scholli, da wäre er ja stunden- ach was TA-
GELANG nicht mehr vom Topf gekommen, obwohl, das
könnte auch eine Virusinfektion gewesen sein, weil er kurz
vorher mit seiner Frau beim Chinesen gewesen wäre und
man kenne das ja, man wisse ja nie, was diese kleinen gelben
Typen in ihr Essen werfen, da hätte es in Düsseldorf mal so
einen Fall gegeben, da hätten die eine Katze verwurstet, das
hat ihm sein Schwager erzählt, der kommt nämlich aus
Düsseldorf, also jetzt nicht Düsseldorf direkt, sondern aus
so einem Vorort, aber er könne sich den Namen nicht merken, obwohl er sich normalerweise gut Namen...

Ich überlege unterdessen, wie viel Jahre Knast es gäbe,
wenn ich jetzt Rüdiger mit dem Brieföffner anfiele und ob
das Mord oder nur Totschlag oder vielleicht sogar Notwehr
wäre, bevor mir Blut aus den Ohren liefe und eigentlich würde sich Rüdigers Kopf ganz gut an der Wand zu meinem Büro
machen, so als Abschreckung für andere Babbeltaschen, und
ob es wohl Leute gibt, die Menschenköpfe ausstopfen oder
schrumpfen, aber da müsste ich wohl an den Amazonas,
wieviel das wohl koste...

„Thilo?"

„Hmm? Was?" Völlig in Gedanken über die für Rüdiger
passende Todesursache habe ich gar nicht gemerkt, dass er
seinen Strom kaskadenartig sprudelnder Gedankengänge
für einen Moment unterbrochen hat, da er augenscheinlich
meine um den Brieföffner gekrallte Faust bemerkt hat...

„Hörst du mir überhaupt zu?"

„Jaja, aber komm jetzt mal zum Punkt. Was willst du
mir denn vorschlagen?"

Rüdiger atmet hörbar auf und sagt, worum es geht, denn wenn ich am Sonntag Zeit hätte, also jetzt nichts mit der Familie vorhätte, er wolle mich natürlich keinesfalls sonntags der Familie entreißen, er wisse ja, wie wichtig mir Familienleben wäre und da wären ja auch diese Ritterspiele …

Ich gehe in die innere Emigration, stelle die Ohren auf Durchzug und meditiere mit halb geöffneten Augen …

… ob ich wisse, dass die Armbrust eigentlich letztendlich das Ende des Rittertums bedeutet hätte, da ab dann keine spezielle Kampfausbildung …

Tatsächlich glaube ich, dass Gott eine Frau ist …

… außerdem wäre sein Großvater als einer der Letzten aus Stalingrad rausgekommen, sein lieber Schwan, Glück für uns alle, sonst wäre ja Rüdiger nie geboren …

Ich denke, dass es nicht immer die Besten sind, die aus Kesseln ausgeflogen werden, warum macht Gott so etwas …

… natürlich könne Rüdiger die Weltwirtschaftskrise auch nicht lösen, jedenfalls nicht alleine, hehe, aber wenn wir der Dritten Welt einen Schuldenerlass …

Ich sehe meinen Körper mit halbgeöffneten Augen unter mir sitzen, einen blöden Ausdruck im Gesicht und ich glaube mich zu erinnern, dass sich jetzt irgendwie gleich ein Tunnel öffnen müsste … Ganz leise vernehme ich Rüdigers komplexe Gedankengänge, die sich irgendwie um die richtige Konstruktion von Autobahnbrücken drehen. Und als würden sich Gottes und meine Gedanken berühren, spüre ich den Stromschlag der Erlösung. Eine gewaltige Faust hämmert mich zurück in meinen Körper, ich öffne die Augen, öffne den Mund, öffne meine Poren und brülle Rüdiger aus Leibeskräften an:

„ICH KANN SONNTAGS NIE, WEIL ICH DA DEINE FRAU FICKE!"

Rüdiger starrt mich wie vom Donner gerührt mit offenem Mund an.

„Sag das doch gleich", meint er und dreht sich Richtung Tür. „Dann können wir ja gar nicht zusammen ins Kino."

Er ergreift die Klinke. „Du schläfst mit meiner Frau?"

„Ja."

„Du Sau. Mit dir rede ich kein Wort mehr." Und er geht ab. Hoffentlich hält er sich dran.

Wie man an seine PIN-Nummer kommt

Da habe ich mir endlich jenes neue Handy geleistet, mit dem man nicht nur ins Internetz, sondern sogar vor die Türe gehen kann, auf dem ich fernsehen und nah sehen kann, auf dem Spiele gehen und ich nützliche Applikationen wie „Haare selber schneiden" oder „die besten Schwarzarbeiter für den Haushalt" laden kann und dann will ich einfach nur meine Kontakte und WhatsApp-Gespräche von Handy Kacken-Alt auf Handy Super-Neu übertragen.

Und stelle fest, dass mein altes Handy ein Android-Handy und mein neues Handy eben kein Android-Handy ist.

Nun, eigentlich ist das kein Problem. Ich melde mich einfach beim Google-Store an und lade mir eine Konvertierungs-App herunter. Aufs Kacken-Alt. Ich muss nur mein Passwort eingeben. Und dann Kacken-Alt an mein Notebook hängen. Und die App nochmal auf den PC laden. Mit meinem Google-Passwort. Während Kacken-Alt nach meinem Handy-Passwort fragt. Von dem ich nicht weiß, ob es nicht auch das Google-Passwort ist. Oder die PIN. Oder die Super-PIN. Und im WLAN muss ich Kacken-Alt jetzt anmelden. Aber das hat ein anderes Passwort. Das muss ich erst suchen. Das steht auf der Rückseite der Fritz-Box. Das will ich mit Kacken-Alt abfotografieren. Das geht aber nicht. Nicht, wenn ich es nicht vorher trenne. Von meinem PC. Also schreibe ich die Rückseite der Fritzbox auf einen Zettel ab und melde Kacken-Alt nicht an. Weil ich mich verschrieben habe und einen Zahlendreher drin hab. Merke ich aber erst nach dem 20. Versuch. Dann melde ich Kacken-Alt eben doch an. Und erfahre, dass die kostenlose APP nur 20 Kontakte übertragen kann. Das brauche ich aber nicht. Zwanzig Telefonnummern habe ich im Kopf. Aber ich kann die kostenpflichtige Version ja laden. Von Microsoft. Dazu muss ich mich im Microsoft-Store einloggen. Das hat aber aus Sicherheitsgründen nicht das gleiche Passwort wie das Google-Konto. Offen gesagt, weiß ich das Passwort nicht mehr. Daher lasse ich das an meine E-Mail-Adresse schicken. Da muss ich mich aber einloggen, weil ich damals keine E-Mail auf Kacken-Alt eingerichtet habe. Und dazu brauche ich das Passwort von web.de. Nachdem ich das dreimal eingegeben habe, bin ich erst einmal gesperrt. Weil ich die Shift-Taste versehentlich gedrückt hatte. Deswegen habe ich mir den Verifizierungscode für „Passwort vergessen" als SMS erneut auf Kacken-Alt schicken lassen. Das ich mit PIN aber erst wieder entsperren muss. Jetzt muss ich in meinem E-Mail-Programm den Verifizierungscode von der SMS eingeben. Dann ändere ich das E-Mail-Passwort und siehe da – da liegt auch mein Passwort für meinen Log-In beim Microsoft-Store. In den ich mich einlogge, um dann die kostenpflichtige App zu laden. Die möchte ich gerne mit PayPal bezahlen. Aber da weiß ich das Passwort nicht mehr. Also klicke ich auf „Kreditkarte". Die wollen den vierstelligen Sicherheitscode haben, nachdem ich die aus 24 Ziffern bestehende Kreditkartennummer eingegeben habe, die ich mir von der Tankquittung beim letzten Autobahnhalt abgeschrieben habe. Dieser steht entweder auf der Vorder- oder auf der Rückseite der Kreditkarte, die die Freundin gerade beim Einkaufen dabeihat. Aber alternativ kann ich auch mein nur mir bekanntes Sicherheitspasswort eingeben. Das kenne ich aber nicht mehr. Meine Kreditkartengesellschaft kennt das. Ich wechsle auf deren Site und gebe meine E-Mail-Adresse, die Kreditkartennummer, meine Schuhgröße und meinen Intelligenzquotienten ein. Und muss die Sicherheitsfrage beantworten, die mir dann die Kreditkartenfirma stellt. Sie lautet „Wie war der Mädchenname der Großmutter Ihrer Cousine mütterlicherseits?". Ich weiß leider im Moment nicht einmal mehr, ob ich je Eltern hatte und in Wahrheit nach Chtuluh verschleppt wurde. Ich bekomme einen Heulkrampf. Ich würde gerne meine Freundin anrufen, dass sie bitte schnell kommt. Aber das geht nicht. Ich habe anscheinend die Kontakte in irgendeine ominöse Cloud verschoben und ausgerechnet ihre Handy-Nummer im derzeitigen Zustand nicht mehr präsent. Außerdem sehe ich vor Tränen das Display nicht richtig, weswegen ich die PIN falsch eingebe und mein Handy damit sperre. Das ich nur mit PUK entsperren kann. Die liegt aber irgendwo im Büro. Mutmaßlich unter der TAN-Liste fürs Online-Banking.

Ich will aus dem Fenster springen. Um diesem Elend ein Ende zu machen. Das Fenster ist aber abgeschlossen. Ich reiße versehentlich den Griff ab. Ich springe durch die geschlossene Scheibe und schlage auf dem Boden auf. Vor mir geht ein heller Tunnel auf. Ich möchte diesen betreten. Aber das geht nicht. Da steht ein Typ davor. Mit einem Flammenschwert. Er möchte gerne mein Passwort und die Sicherheitsfrage wissen.

Sie kriegen uns. Alle. Früher oder später. Aber sie kriegen uns.

„Wenn Sie einen Schaden haben, drücken Sie die 66"

Eigentlich ist es keine große Sache. Irgendein junger und etwas übereifriger, da frischer Kraftfahrer nimmt mir die Vorfahrt und donnert in den vorderen rechten Kotflügel vom Renault. Verletzt ist niemand, Schleudertrauma habe ich auch nicht, weil ich das Geld nicht nötig habe, wir rufen auch keine Polizei, weil der Jungspund da sonst seinen brandneuen Lappen gleich wieder los ist, der Schädiger gibt mir sein Versicherungskärtchen, ich bring den Wagen in die Werkstatt und dann will ich mit der Versicherung des armen Teufels Kontakt aufnehmen.

Natürlich ist das Auto auf dessen Vater zugelassen und weil der ein Sparbrötchen zu sein scheint, hat er sich einen astreinen Direktversicherer ausgesucht, die „Erste-Deutsche-Internet-Allgemeine-Direct-Insurance-Coburg".

Auf der Homepage der „Erste-Deutsche-Internet-Allgemeine-Direct-Insurance-Coburg", kurz www.ediadic.com, gibt es ein ganz schickes Schadenformular für Geschädigte.

Die ersten Fragen sind einfach: meine Daten, die Daten meines Fahrzeugs, Schadentag, Schadenort, Schädiger und dessen Versicherungsnummer. Habe ich alles dank jenes kleinen knuffigen Kärtchens, wie ich heiße, weiß ich auswendig, ich gebe also alles tapfer ein und drücke auf „absenden".

„HAAALT" blökt mich die Website an. „Bitte ergänzen Sie vor dem Absenden das Formular an den kenntlich gemachten Stellen." Ah, da habe ich was übersehen. Richtig, da steht es: Geburtsdatum des Fahrers des gegnerischen Fahrzeugs.

Tja.

Das habe ich nicht notiert. Ich muss ihn schätzen. Er sah jung aus und hatte seinen Führerschein neu, deswegen ja keine Polizei. Ich nehme das gestrige Datum minus 18 Jahre. Und „absenden".

Von wegen. „Bitte ergänzen Sie vor dem Absenden das Formular an den kenntlich gemachten Stellen." Was jetzt? Ah, ich soll das Führerscheindatum des Fahrers ergänzen. Gut, nehmen wir das gestrige Datum. Ich bin flexibel. „Absenden".

Geht aber nicht. Denn jetzt soll ich die Führerscheinklasse und die Nummer des Fahrers eingeben. Eigentlich geht mich als Geschädigten das einen feuchten Kehricht an, aber wenn's der Versicherer will ... Ich nehme mal Klasse C und die Nummer meines eigenen Führerscheins. Vielleicht jetzt – „absenden"?

Nein, wie durch Zauberhand gehen neue unausgefüllte Felder auf.

Personalausweisnummer, Musterungsbescheid, Schufa, Kontostand des Schädigers, Geburtsdatum von dessen Vater, Beruf der Geschwister sowie deren Namenstage, Fahrgestellnummern aller Fahrzeuge der Schädigerfamilie, kurz, wollte ich sämtliche Daten des vermaledeiten Formulars ausfüllen, dann müsste ich ein halbes Jahr in der Familie meines Unfallgegners, den ich mittlerweile als Unfallfeind betrachte, recherchieren und wahrscheinlich auch mit jedem Familienmitglied schlafen.

Möchte ich nicht.

Aber die Rettung steht rechts oben: „Unsere Hotline nimmt Ihre Schadenmeldung gerne telefonisch entgegen: Dubiose Nummer mit 0190er Vorwahl."

Na gut. Dann mache ich den Mitarbeitern der „Erste-Deutsche-Internet-Allgemeine-Direct-Insurance-Coburg" eben die Freude und rufe an.

Gleich nach dem ersten Klingeln meldet sich eine freundliche Frauenstimme. Zuerst im Tonfall „glücklich": „Guten Tag, lieber Anrufer. Wir freuen uns, Sie bei der „Erste-Deutsche-Internet-Allgemeine-Direct-Insurance-Coburg" begrüßen zu dürfen."

Dann: „Der nächste freie Mitarbeiter ist bereits für Sie reserviert. Legen Sie nicht auf. Die Kosten für dieses Telefonat betragen nur 49 Cent pro Minute aus dem deutschen Festnetz, aus dem Mobilfunk sind Abweichungen möglich."

Soso. Klasse. Einen halben Euro pro Minute und ich höre dafür das gute alte Volkslied „Üb' immer Treu und Redlichkeit", während bei der „Erste-Deutsche-Internet-Allgemeine-Direct-Insurance-Coburg" eine verzweifelte Sachbearbeiterin versucht, einen Anrufer abzuwimmeln, damit sie sich mir widmen kann. Immerhin hab ich sie jetzt ja reserviert!

Die Zeit tropft, meine Telefonrechnung auch. Nach sieben Euro (ja, auch ich kann stur sein!) hebt endlich jemand den Hörer ab:

„Erste-Deutsche-Internet-Allgemeine-Direct-Insurance-Coburg", meine Name äst Tatjana-Maria Slonskaja Prawdaswezda, wä kann äch ähnen chälfen", schnarrt mich eine Kasernenhofstimme so unvermittelt an, dass ich mich plötzlich wie beim Soldatenaustausch mit der Roten Armee fühle.

„Ja, also, äh, guten Tag, mein Name ist Dings, äh, Thilo Schneider, mir ist ein Kunde von Ihnen reingefahren, also nicht in mich, auch nichts ernstes, aber der Kotflügel ist kaputt. Vorne rechts. Vom Renault."

„Wä äst passierrrt?" fragt Tatjana-Maria schlechtgelaunt.

„Ja, also, das war so, ich war auf der Vorfahrtstraße und da kam Ihr Kunde aus einer Seitenstraße geschossen, weil er mich nicht gesehen hat. Ich wollte noch ausweichen, aber er hat mich erwischt. Vorne rechts."

„Sä sänd därr Gäschädägtä", schlussfolgert der osteuropäische Engel, und seine Stimme wird noch eine Spur kälter. „Wär äst schold?"

„Ihr Kunde", helfe ich ihr. „Der ist mir draufgefahren. Vorne rechts."

Kurzes Schnauben am anderen Ende. Dann nur ein Wort: „Nain."

Möglicherweise habe ich mich verhört. „Wie bitte?"

„Nain."

„Wie „nein""?

„Wär send Derekversächerong, onsäre Konden bauen keinä Onfälle."

Ich bin ob dieser klaren und unmissverständlichen Ansage, sprachlos. Volle zwei Sekunden. Das ist sehr lange für mich. Dann sage ich langsam und in einfachen Sätzen, weil sie mich wohl nicht verstanden hat, die Kröte:

„Doch, cheute morgen. Ihr Kunde. Mir Vorfahrt genommen. Auto kapuuutt. Vorne rechts. Ihr Kunde. Mir reingefahren. Aua aua."

Aber nicht mit ihr!

„Sä waren zo schnääl. Sonst onsäre Konde hätte sä gäsähän."

„Nein, war ich gar nicht. Er hat mir die Vorfahrt genommen. Hören Sie? VORFAHRT! ICH! VORFAHRT! IHR VERDAMMTER KUNDE IST MIR REINGEFAHREN!"

„Sä schraiän", stellt sie, sachlich richtig, fest. „Wär schrait, hat Onrächt."

„Moment." Mein Blutdruck beschleunigt schneller als ein Maserati. „Nu, damit ich das richtig auf die Kette kriege: Sie erzählen mir allen Ernstes, Sie nehmen meinen Schaden nicht auf, weil die Kunden von Ihrem Billigheimerverein keine Schäden verursachen?"

„Rächtäg", kommt es trocken zurück „Wär sänd Deutschlaands gönstägster Autoversächerer. Onsere Konden machän keinä Schäden. Sage auch Werrbessslogän."

„ICH SCHEISS AUF IHREN WERBESLOGAN. MIR IST EINER IHRER GEHIRNAMPUTIERTEN SCHWACHMATEN-KUNDEN REINGEFAHREN UND MEIN AUTO IST SCHROTT!"

„Wänn äst Schrott, Sä waren zo schnäll. Sä sänd schold."

„DAS KÖNNEN SIE ÜBERHAUPT NICHT BEURTEILEN, SIE DÄMLICHE BEUTEDEUTSCHE. SIE WAREN NICHT DABEI, SIE TELEFONPARTISANIN."

„Wänn noch ain Tonn, äch bäände dem Gäsprrach. Sä machen Onfall ond wollän dann Gäld von ons. Was Sä sagän, kann jädärr bechaupten. Schäcken Sä ons Rächt san walld." Genau so betont. Dann legt sie auf und ich führe einen kleinen, nichtsdestoweniger heftigen Zornestanz vor meinen Schreibtisch auf.

Na klar beauftrage ich einen Rechtsanwalt. Ich rufe Andy an, mit dem ich im Gymnasium schon die Schulbank gedrückt habe und schildere ihm meinen Fall.

„‚Erste-Deutsche-Internet-Allgemeine-Direct-Insurance-Coburg'" ist der Gegner, sagst du? Vergiss es. Das macht kein Anwalt in dieser Republik."

„Was? Warum?"

„Es ist der Ruf der Gesellschaft. Bisher gab es noch keinen einzigen Prozess gegen die, weil jeder Anwalt, der das versucht hat, vorher einen Herzinfarkt bekommen hat. Und, ganz im Ernst: Da ist mir mein Leben lieber. Aber wenn ich dir trotzdem einen Tipp geben darf: Versichere dich künftig bei denen. Du sparst Geld und Schäden hast du auch nicht mehr."

Tja. Ich habe den Gegenwert meines Schadens ja bereits vertelefoniert. Dann werde ich wohl auch mal Kunde bei denen. Und dann muss ich nur noch einen finden, dem ich beim Rechtsabbiegen die Vorfahrt nehmen kann. Dann bekomme ich auch meinen Schaden bezahlt. Von der armen Sau, die nicht bei der „Erste-Deutsche-Internet-Allgemeine-Direct-Insurance-Coburg" versichert ist.

Volle Kaffeekanne

Ich habe ein ziemlich neues iPhone und ein ziemlich neues Auto. Mein ziemlich neuer Rechner läuft mit Windows10 und ist ein „Touch"-Gerät, weil ich zur Eingabe auf dem Bildschirm herumtatschen kann. Und doch – ich bin nicht auf der Höhe der Zeit. Unter meinen Freunden und im Bekanntenkreis bin ich ein Paria. Einer, den man ungern besucht. Einer, den man speziell zur Kaffeezeit meidet. Obwohl ich wirklich prima Kaffeepads habe. Aber eine Sache fehlt mir. Und ich schaffe sie mir auch nicht an. Jetzt ist nämlich Schluss.

Es reicht!

Ich komme aus einer Zeit, in der Gäste noch halbvolle Tassen an die Gastgeberin im stummen Vorwurf zurückgehen ließen, weil sie in den Melitta-Filter nicht den Besten von Jacobs: die Krönung geschmissen hatte und Glück derjenigen Hausfrau, bei der Frau Sommer zu Besuch war und zufällig den Besten von Jacobs: die Krönung aus dem Schlüpfer zauberte. Immer, wenn die Kaffeemaschine brodelte, wusste ich, dass mehr als zwei Personen Kaffee trinken wollten und ich nicht diesen miesen Karo-Kaffee oder, noch schlimmer, Nescafé würde herunterwürgen müssen.

Als ich die eigene Wohnung bezog, schaffte ich mir so eine moderne Handkaffeemaschine an, mit der angeblich italienische Mütter den Kaffeesatz mit einem Sieb nach unten drücken und der besonders gut und lecker ist, weswegen sich immer Kaffeesatzkrümelchen in der Tasse befinden und damit dem Trinker sagen: „Ja, ich bin handgepresst. Da hat sich jemand echt die Mühe gemacht, den Kaffeesatz nach unten zu drücken. So sorgt der sich um dich. Sei deiner italienischen Mamma dankbar. Und hilf nachher in der Küche, die Sauerei wieder rückstandslos aus Kanne und Sieb zu entfernen." Das war hip, sah gut aus und verlieh mir einen feschen italienischen Style.

Schließlich kamen wir in die Zweitausender und ja, da habe ich mir eine Senseo gekauft. Für den schnellen Kaffee zwischendurch, der dann auch frisch ist. Ich mag die Senseo. Sie tut, was sie soll, ist leise und unauffällig und steht somit im krassen Gegensatz zu meiner Freundin. Das ist für zuhause okay und ich war bisher mit ihr glücklich. Also, mit der Senseo. Und auch mit meiner Freundin. Dass wir uns richtig verstehen.

Sehen wir von einem kurzen Intermezzo der unglücklichen Kapselmaschinen in der Geschichte des Aufbrühens von Kaffeebohnen ab – jeder, der eine Kapselmaschine benutzte und benutzt, gilt als asoziales Umweltschwein und ist umgehend standrechtlich zu erschießen –, dann ist heute der sogenannte KAFFEEVOLLAUTOMAT der sozusagen letzte Stand der Brühtechnik.

Heute befindet sich in jedem Haushalt mit einem Familieneinkommen von über 12.000 Euronen solch eine kleine Schrankwand, in die man oben die gerösteten Bohnen einwirft, dann irgendwo Wasser einfüllt, dann auf irgendeinen Auswahlknopf der 20 Kaffeegetränkearten drückt, dann wartet und wartet und wartet, bis sich nach etwa 30 Minuten ein fingerhutgroßes Tässchen mit dem leckeren Espresso-forte füllt, das dafür aber einen hübschen Schaumrand hat.

Ich habe keine Ahnung, was Menschen dazu bewegt, sich eine Maschine von der Größe und dem Krach eines kleinen

Automotors in die Küche zu wuchten, um eine dämliche Tasse Kaffee zu trinken. Ist das so ein iPad-Dings? „Seht her, ich brauche es nicht, aber ich habe es trotzdem, weil ich es kann"? Oder das Bedürfnis, sich daheim wie beim Italiener um die Ecke oder noch besser wie beim Italiener in Italien zu fühlen? Oder hat der Kaffeevollautomat die Dampfbügelstation und den Kondens-Wäschetrockner als Verlegenheitsweihnachtsgeschenk abgelöst? „Danke Schatz, endlich kann ich ordentlichen Kaffee trinken"? Was zur Hölle erleichtert eigentlich so ein Kaffeevollautomat jetzt beispielweise im Vergleich zu einer Spülmaschine? Es ist ja nicht so, dass hinter einer dieser lächerlichen Tassen Espresso nicht auch noch wahnsinnig Arbeit stünde. Ich meine, bei der Senseo schmeiß ich das Sieb in die Spülmaschine und fertig, so ein Kaffeevollautomat ist reinigungs- und wartungsanfälliger als ein gebrauchter Fiat. Wo ist denn da der Witz? Abgesehen davon, dass die tollste Liebesnacht vom todgeweihten Röcheln eines in Standby-gehenden Kaffeeautomaten gekillt wird, weil Du das Gefühl hast, in der Küche stirbt gerade jemand einen qualvollen Tod? Wozu ist das Ding gut? „Ja, aber der Kaffee schmeckt so ganz anders..." Nein, verdammt. Tut er nicht. Er schmeckt nach Kaffee. Wie jeder andere verdammte Kaffee auch. Den man beim Italiener um die Ecke trinkt. Oder den ich mir aus der Senseo presse. Ich meine, wenn das Ding wenigstens noch außerdem Bouillon, Hühnersuppe, Kakao und Zitronentee könnte, wie jeder anständige Automat in der Mensa... Kann er aber nicht. Der kann nur Kaffee. Eine große Portion, eine kleine Portion, zwei Portionen, jeweils Espresso, normal, doof oder mit Reinigungsflüssigkeit. Wenn Du Pech hast, dann hängt da auch noch ein Milchschlauch drin. Zum Aufschäumen. Das Ding darfst Du im zwei-Tages-Rhythmus reinigen, wenn Du von Deinem Milchkaffee keinen Durchfall bekommen willst. Und dabei macht das Teil einen Krach, der Gewerkschaften in einer Stahlfabrik zu Streiks treiben würde. Da wird gepoltert, geröchelt, gezischt, gedampft, gestöhnt, gemacht und getan, dass man das Gefühl hat, eine Lokomotive fahre durch die Küche. Die Maschine arbeitet extrem hart für diese eine verdammte Tasse Plörre, ich habe mich schon dabei erwischt, mit einem Kaffeevollautomaten so etwas wie Mitleid zu empfinden. Mal ganz abgesehen davon, dass sich die Dinger preislich zwischen einem Fernseher in der Größe des Isenheimer Altars und zwei nigelnagelneuen iPhones nebst unbegrenztem Datenvolumen bewegen. Die Einsteigermodelle haben den Wert von 15 Senseo-Kaffeemaschinen. Und die können dann auch nur Kaffee kochen. Wer kauft so etwas?

Nun, anscheinend alle. Selbst die, die es sich offensichtlich nicht leisten können. Also alle außer mir.

Ich werde wohl doch alt!

Die Mittelschicht nervt

113 Gramm

Es war letzte Woche in meiner Lieblingsmetzgerei. Hinter mir eine Schlange bis Krakau, vor mir eine nette Fleschereifachverkäuferin in voller Hektik.

„Einmal von dem Schwarzwälder Schinken."

„100 Gramm?"

„Ja."

„Darf's etwas mehr sein?"

„Ja klar."

„Sonst noch was?"

„Dann noch etwas von dem Käse, 100 Gramm bitte."

„Darf's etwas mehr sein?"

„Ja, kein Problem."

„Sonst noch was"?

„Ja, dann noch 100 Gramm von der Leberwurst."

„Darf's etwas mehr sein?"

„Ja gerne."

„Darf's sonstnochwas sein?"

Und dann finde ich die Bestellerei öde. Also denke ich, ich bin mal flexibel:

„Bitte noch 113 Gramm von dem Aufschnitt"

Plötzlich Totenstille in der Metzgerei. Man kann eine Stecknadel fallen hören. Was bitte ist das denn für eine bescheuerte Bestellung? 113 Gramm?!

Die Fleischfachkraft hinterm Tresen starrt mich an, als hätte ich gesagt, sie legt beim Wiegen jedes Mal ihre Brüste mit auf die Waage. Sie versucht es mit dem „ich habe mich verhört"-Trick:

„100 Gramm Aufschnitt, jawoll."
Aber nicht mit mir!
„Nein, 113 Gramm."
„113 Gramm?"
„So ist es."

100 Gramm kann sie schätzen, hat sie ja den ganzen Tag. Aber 113 Gramm, das ist eine Herausforderung – zumal, wenn der Laden voll wie ein Kölner im Karneval ist. Sie packt den Aufschnitt, legt ihn auf ein Stück Papier und auf die Waage. Die Digitalanzeige blättert sich auf 118 Gramm. Sie ist schlau.

„Darf's ein bisschen mehr sein?"

Ich lächle, um sie in Sicherheit zu wiegen, dann sage ich: „Nein, genau 113 Gramm, bitte."

Sie atmet schwer. Hinter mir ist immer noch Totenstille. Ein Huster ist zu hören. Die ganze Metzgerei beobachtet wie erstarrt den Showdown zwischen Fleischereifachverkäufer-woman und Superasshole.

In Zeitlupe schneidet sie ein Wurststückchen und legt den Aufschnitt auf die Waage. 114 Gramm.

Sie will die Wurst gerade einpacken.

„Nein", sage ich „Ich möchte bitte genau 113 Gramm." Ich drehe mich zu den Wartenden um. „Ärztliche Empfehlung", lächle ich. Aber es nutzt nichts. Einer ballt die Fäuste. Aber jetzt gibt es auch für mich kein Zurück mehr. Meine bislang freundliche Bedienung knirscht mit den Zähnen, schneidet noch ein Stückchen von EINEM Wurstscheibchen ab und lässt erneut das unparteiische Wiegewerk entscheiden.

Wie in Zeitlupe falten sich die Zahlen erneut auf und bleiben bei genau 113 Gramm stehen. Hinter mir atmen alle, auch meine Fleischereifachverkäuferin auf. Geschafft.

Das Arschloch ist befriedigt. Sie will schon die Wurst einpacken, als ich die Hand hebe.

„Entschuldigung", sage ich „jedoch: Sie haben das Papier mitgewogen. Das ist sicher noch ein Gramm."

„Was GLAUBEN Sie, wo Sie hier sind?", faucht sie mich an.

„WO ICH BIN, WEISS ICH! OB ICH PAPIER BEZAHLE, MÖCHTE ICH WISSEN."

Sie knallt das Fleisch nebst Papier wieder auf die Waage und schmeißt das bei 114 Gramm abgeschnittene Wurststückchen dazu. Voila, wir haben 114 Gramm inklusive Papier.

„JETZT dürfen Sie einpacken", erkläre ich generös. Die empört murmelnden Stimmen von wegen „Vollidiot", „Kniebohrer" und „Knalldepp" hinter mir ignoriere ich.

Ich bekomme mein Fleisch gerade nicht direkt ins Gesicht geschmissen, zahle an der Kasse und noch während ich bezahle, frage ich die Besiegte freundlich:

„Was machen Sie eigentlich mit den abgeschnittenen Halb- und Viertel-Scheiben?"

„Die werfe ich weg, wieso?"

„Och", sage ich verbindlich „bevor Sie die wegwerfen, können Sie sie ja auch mir geben ..."

Im Krankenhaus hat man mir später erzählt, sie hätten drei Stunden gebraucht, um mir die Kalbshaxe aus den Rippen zu operieren ...

Der Motorrad-Biker

Frühling wird's wieder in deutschen Landen. Die Sonne lacht vom Himmel, die Blümchen wachsen, und schon werden aus den bunten Deppen, die den Winter damit zugebracht haben, vor dem Skilift Schlange zu stehen, bunte Deppen, die mit Aufblendlicht im Rückspiegel schnell größer werden.

Richtig. Die Rede ist von der Spezies der Motorradfahrer. Endlich kann wieder vor Kurven wie irre überholt werden, weil die Gefahr, durch Glatteis auf die Fresse zu fallen, geringer geworden ist.

Ich persönlich schätze mich als eher passiven Fahrer ein, der gerne GANZ nach rechts fährt, sobald einer dieser Fliegen-zwischen-den-Zähnen-Sammler mal wieder in physikverleugnender Geschwindigkeit von hinten anbrettert.

Wir unterscheiden vier Spezies von Motorraddeppen:

1) Der Rudelfahrer

Der Rudelfahrer ist die angenehmste Sorte der Motorradfahrer. Er holt das gute Stück nur samstags aus der Renault-Megane-Kombi-besetzten Doppelgarage, um sich mit seinen Kumpels einen Motorradausflug zu gönnen. Im Pulk hat er Spaß und gefährdet weder sich noch andere.

Allerdings bekommt der Rudelfahrer Panikattacken, wenn sich ein Auto in den Pulk schiebt. Da hat der Rudelfahrer Angst, er könnte den Anschluss an die Herde verlieren, weswegen sich in seinem Gehirn dann ein Schalter mit der Aufschrift „einholen" umlegt und alle anderen Gehirnfunktionen unterdrückt. Jetzt überholt der Rudelfahrer links oder rechts oder vor Kurven oder in Kurven, mit Gegenverkehr, ohne Gegenverkehr, alles egal, das Ziel ist, die eigene Flugstaffel wieder einzuholen, um sich nicht solch widerwärtigen Sätzen wie „Wo bleibste denn?" aussetzen zu müssen.

2) Der Kradmelder

Der Kradmelder ist meist mittleren oder fortgeschrittenen Alters und fährt ein kleines bis mittelschweres Motorrad. Der Kradmelder ist der Ansicht, dass er eine RIEEEEESIGE Fahrpraxis hat und deswegen „schon irgendwie rechtzeitig vom Bock kommt", sollte es eine Krisensituation geben.

Der Kradmelder glaubt unbedingt, dass Gott ihm zu diesem Zeitpunkt einen Weiher oder einen Heuhaufen sendet, damit er weich fällt. Deswegen trägt der Kradmelder auch Jeans und T-Shirt, bestenfalls Windjacke, da es für ihn völlig ausgeschlossen ist, dass er unter seiner Maschine mit 100 km/h über den Straßenasphalt schmirgeln könnte. Der Kradmelder ist so eher der lockere Typ, der Kinder bis sechs Jahre schon mal ohne Sturzhelm auf dem Sozius hat, denn da er bisher unfallfrei gefahren ist, bleibt das schließlich auch in Zukunft so und stellt kein Risiko dar.

3) Das hoffnungsvolle Renntalent

Das hoffnungsvolle Renntalent ist ständig im Training. Es trägt einen augenbeleidigend gemusterten Kasperanzug aus Leder, der günstigerweise zur Farbe seines mittelschweren bis schweren Selbstmordinstruments passt. Das Renntalent sucht die Herausforderung vor jeder Kurve und vertraut darauf, dass die Autofahrer schon irgendwie auf die Bremse treten, wenn es wegen überraschenden Gegenverkehrs panisch nach rechts ziehen muss. Überhaupt hält das hoff-

nungsvolle Renntalent solche Dinge wie „Geschwindigkeits-
begrenzungen" oder „Spielstraße" für Einschränkungen
seiner persönlichen Freiheit und Hinweisschilder für Weich-
eier, die nicht fahren können.

Schließlich hat das hoffnungsvolle Renntalent seine Maschine auch noch bei 200 Sachen im Griff, hält es für völlig
ausgeschlossen, dass in einem Baustellenbereich Steine oder
Sand auf der Fahrbahn liegen könnten, und glaubt, dass Eltern selbst schuld sind, wenn sie ihre Kinder in Spielstraßen
unangeleint herumlaufen lassen.

4) Der Nightrider

Schwarz. Alles Schwarz. Beim Nightrider ist das Motorrad
schwarz, die Ledermontur schwarz, der Helm schwarz, das
Visier schwarz, die Fingernägel schwarz.

Der Nightrider hält sich für das Phantom der Phantome,
den Schrecken der Landstraße, den Vollstreckungsbeamten
des Jüngsten Gerichts und den Top Gun der himmlischen
Heerscharen. Deswegen steht der Nightrider darauf, mit ir-
rem Karacho durch die Landschaft zu brausen, überraschend
hinter PKW aufzutauchen, wie blöd zu überholen und andere zum Abbremsen zu zwingen. Der Nightrider weiß nämlich: Wer bremst, verliert.

Ebenso wenig wie Straßenverkehrsregeln gelten für den
Nightrider physikalische Gesetze.

Für ihn existieren Worte wie „kinetische Energie" oder
„Gravitation" oder gar „Masseträgheit" oder „Fliehkraft" ein-
fach nicht, weswegen wenigstens er sehr angstfrei durch die
Gegend donnert. Er schlängelt sich in Staus gerne auf der
Mittelspur durch (wer will schon warten?) und ist bereit,

jedem die Fresse zu polieren, der dabei so dreist ist, die Fahrertüre zu öffnen. Und weil der Nightrider so unsagbar lässig ist, fährt er bei 160 auch schon mal einhändig mit seinem Bock und demonstriert kleine Kunststückchen wie „die Füße auf dem Asphalt schleifen lassen".

Fazit: Herr, lass es regnen. Dann hüllen sich nämlich die ganzen Motorradschwachmaten in ihre orangefarbenen Regenkombis, sehen ganz uncool wie Straßenbauarbeiter auf Streife aus und fahren ganzganz vorsichtig und rücksichtsvoll, wie das eigentlich sein sollte. Und während den Helden der Asphaltbahn das Regenwasser in den Stiefeln steht, sitze ich im warmen Auto, höre Musik und zünde mir ein Zigarettchen an.

Fröhliche Nierenbeckenentzündung allerseits!

Ein schweres Los

Mir waren neulich die Zigaretten ausgegangen und da dachte ich mir „Och Thilo", dachte ich mir, „och Thilo, geh doch mal in den Lottoladen um die Ecke und hol dir Zigaretten".

Und das habe ich dann auch gemacht. Vor mir stand ein älterer Herr in etwas fadenscheiniger Kleidung, den ich hier schon öfter gesehen hatte, und verlangte einen Lottoschein, weil es irgendwie diese Woche 10 Trillionen Euro zu gewinnen gäbe und da könne man auch schon mal ein paar Euro riskieren. Und weil ich ja selbst auch beruflich mit Aktien zu tun habe, fand ich in diesem Fall das Risiko-Gewinn-Verhältnis recht akzeptabel und habe mir auch einen Lottoschein geschnappt, weil ich mit 20 Trillionen Euro auch sehr gut leben und mir ganz Griechenland kaufen könnte. Inklusive der Einwohner. Und der Schafe. Das fände ich cool.

Mein Problem dabei: Auf so einem Schein stehen ja 49 Zahlen drauf, von denen ich aber nur sechs nehmen darf. Und ich wusste leider nicht, welche Zahlen richtig sind, und da hätte ich raten müssen. Allerdings sind mir als erwachsenem Menschen mit Lebenserfahrung Probleme mit sechs Unbekannten nicht unbekannt, schließlich war ich schon auf mehreren Stehpartys, bei denen auch Alkohol getrunken wurde.

Ich habe also das gemacht, was ich bei ähnlichen Problemen schon in der Schule gemacht habe, und mich neben den älteren Herrn an das Stehpult gestellt und versucht, bei ihm abzuschreiben.

Zuerst hat er nur irritiert geschaut, dann seinen Schein mit der linken Hand abgedeckt. „Entschuldigung", sagte ich

„aber ich sehe so nichts". „Sollen Sie ja auch nicht, das sind meine Zahlen", hat er geantwortet, was ich unfair fand. „Ja, aber ich weiß doch die richtigen Zahlen nicht, wie soll ich denn da gewinnen, wenn Sie mich nicht abschreiben lassen?" „Ja, glauben Sie, ich weiß die?", hat er zurückgefaucht.

„Hören Sie: Ich sehe Sie hier ziemlich oft mit Lottoscheinen hantieren, was erstens bedeutet, dass Sie sich auskennen und Erfahrung haben und zweitens die Hoffnung noch nicht verloren haben" – „und drittens noch nie den Jackpot gewonnen habe oder warum, glauben Sie, stehe ich hier immer noch herum?", ergänzte er meine Aufzählung.

Da war was dran, andererseits… „Nachdem Sie doch Dauerspieler sind und noch nie was gewonnen haben, steigt doch die statistische Wahrscheinlichkeit mit jedem neuen Schein, dass Fortuna mit Ihnen ein Einsehen hat und Ihnen den Hauptgewinn gönnt. Daher ist es nur logisch, dass ich Ihre Zahlen verwende!"

„Ja, dann kaufen Sie sich doch selbst 20 Jahre Lottoscheine, dann haben Sie die gleiche Erfahrung", gab er zurück. „Guter Mann: In meinem Beruf bin ich es gewohnt, von den Besseren zu lernen. Sie sind für mich der Lottomeister und ich fände es toll, wenn Sie mich von Ihrem Erfahrungsschatz profitieren lassen würden. Ich habe keine Lust, 20 Jahre lang Lotto zu spielen, wenn Sie dies schon getan haben. Das wäre Verschwendung von finanziellen und ökonomischen Ressourcen."

Er sah mich einen Augenblick lang fassungslos an, dann grinste er sardonisch: „Erfahrung kostet Geld. Für 200 Euro lasse ich Sie abschreiben", sagte er. Gut, das ökonomische Prinzip hatte er anscheinend vom Grunde her verstanden.

Wir konnten also verhandeln: „200 Euro? Das ist dann doch etwas happig und macht pro Zahl 33 Euronen. Welche Garantie habe ich auf den Gewinn?" „Nur meine Erfahrung und die statistische Wahrscheinlichkeit." „Haben Sie die Zahlen letzte Woche schon gespielt?" „Ja." „Und Sie glauben, diese Woche klappt es, weil es letzte Woche nicht geklappt hat?" „Ich hoffe es." Gut, Hoffnung für 200 Euro konnte ich auch in der Kirche haben. So kamen wir also nicht weiter.

„Ich habe eine bessere Idee: Ich zahle die Hälfte Ihres Lottoscheines und Sie geben mir die Hälfte vom Gewinn, so als kleinen Anreiz für uns beide", schlug ich vor.

„Nein", sagte er.

„Warum nicht?"

„Weil ich dann teilen muss, und das mache ich ungern."

Das war zwar menschlich verständlich, aber ökonomischer Unfug. „Sehen Sie", sage ich, „deswegen lässt Sie Fortuna hängen. Weil Sie ein Egoist sind. Fortuna gibt Ihnen nichts, weil Sie nicht teilen wollen."

„Wollen Sie denn gerne teilen?" „Schon, wenn es ein fairer Deal ist." „Dann machen wir jetzt Folgendes", schlug er vor. „Ich fülle meinen Schein wie immer aus und Sie nehmen Ihren eigenen Schein und tragen da Ihre Zahlen ein und wenn einer von uns beiden gewinnt, dann teilt er die Hälfte mit dem Anderen."

Damit war ich einverstanden. Wir haben das auf der Rückseite eines Lottoscheines schriftlich fixiert und dann habe ich irgendwelche Zahlen angekreuzt und „Erster" gesagt.

„Und? Welche Zahlen haben Sie genommen?" „Eins bis Sechs." „Das sind blöde Zahlen." „Warum?" „Weil die in dieser Reihenfolge noch nie gekommen sind." „Na, dann wird's doch Zeit. Ihre Zahlen sind ja auch noch nie gekommen. Die statistische Trefferquote ist bei Ihren Zahlen genauso hoch wie bei meinem Tipp." „Nein, sind sie nicht." „Warum nicht?" „Weil ... weil das EBEN SO IST." Jetzt war er trotzig. „Sie meinen, meine Zahlen kommen nicht dran?" „Ja." „Sicher?" „So sicher, wie ich hier stehe." „Und Sie lassen mich nicht abschreiben?" „Nein." „Sicher?" „Ja".

Ich habe dann meinen Zettel zerrissen und auch den mit der Tippvereinbarung. Wer meine Zahlen nicht mag, der mag auch mich nicht und den mag ich auch nicht. Ich habe dann für einen Euro so ein Los gekauft und sofort 20 Euro gewonnen.

„Sehen Sie? Ich hätte geteilt, deswegen hat mir Fortuna 19 Steine geschenkt", erklärte ich. Er hat darauf „Erstick dran" gesagt und so haben sich unsere Wege getrennt.

Das Ganze ist jetzt ca. acht Wochen her und ich habe ihn seitdem nicht mehr gesehen. Allerdings wurde der Jackpot an diesem Wochenende geknackt. Ich wüsste jetzt doch zu gerne ...

SMS nicht für dich

Neulich stehe ich so auf dem Bürobalkon und rauche vor mich hin, als ich *pling* eine Nachricht auf mein iPhone erhalte: „Seit du mich verlassen hast fühle ich mich einsam und leer." Und eine mir unbekannte Handy-Nummer.

Nun habe ich, zumindest bisher, niemanden verlassen, weil schlicht niemand da ist, den ich verlassen haben könnte. Zumindest wüsste ich es nicht. Die letzte Dame, die ich verlassen habe, habe ich zu einer Zeit verlassen, in der Rechner mit 64 Megabyte Festplattenspeicher das Nonplusultra der Computertechnologie waren. Also, wenn es DIE wäre, dann bestünde eine gute Chance, dass mein vielleicht gezeugtes Kind mittlerweile eine fertige Berufsausbildung oder sogar eine eigene Familie hat.

Ich beantworte die SMS mit der meines Erachtens vollkommen berechtigten Frage: „Wer bist du?"

Keine Sekunde später kommt ein „Tu nicht so" zurück.

Na gut, dann tu ich eben nicht so und schreibe: „OK, was willst du noch? Es ist alles gesagt!"

Pling: „Es tut mir leid".

Ich schreibe „Dazu hast du auch allen Grund" zurück. Und, bevor er oder sie antworten kann, setze ich ein „Du Schwein" hintendran.

Pling: „Hast ja recht aba was kann ich tuen ausser mich zu enschuldigen?"

Tja. Nix, würd' ich mal sagen. Oder halt, doch!

Ich schreibe „Das kann ich dir genau sagen: Du überweist jetzt 50 Tacken an Brot für die Welt und machst einen Screenshot von deinem Computerbildschirm. Ich will das sehen!"

Daraufhin kommt ein verblüfftes: „Ja, mach ich, aber was dann?"

Jooo... was dann?

„Dann schickst du mir noch einen Strauß Blumen. Rosen. Rote Rosen. 50 Stück. Langstielig. Und eine Karte, mit der du dich entschuldigst. Und ich will, dass es echt klingt. Sei nicht so phantasielos."

Pling. „Weißt du was das kostet?"

Klar, deswegen mach ich es ja! „Das sollte dir unsere Liebe nach all dem schon wert sein, findest du nicht?"

Diesmal hat es eine Minute Pause. Anscheinend rechnet mein Galan nach...

„Was wird dein Mann dazu sagen?", kommt als Nächstes.

Ja, der wäre bestimmt nicht begeistert von seiner Ehebrecherin und ihrem orthographieschwachen Hengst.

„Der ist auf Geschäftsreise und nicht vor Ende des Monats zurück!"

Pling: „Als Bäcker?"

Oh verdammt. Ich brauch eine Lösung. Schnell. Folgendes: „Er ist auf einem Bäckerkongress in Berlin. Ich habe also viel Zeit und ja, auch ich fühle mich einsam." Und ein „sehr einsam, wenn du verstehst, was ich meine..."

Diesmal, wie aus der Pistole geschossen: „Wann seen wir uns wieder?"

Ja, so siehst Du aus, mein Freund! „Erledige zuerst das, was du erledigen sollst. Danach melde ich mich bei dir. Ich will, dass du es diesmal ernst meinst!"

Zurück kommt dann nur noch ein Herzchen. Der Idiot. Ich bin gespannt, ob es in Kürze heißt: „Bäcker erschlägt seine Frau und deren Liebhaber".

Terminsache

Neulich war ich beim Arzt. Nichts Ernstes, nur hatte ich mich im Verdacht, an einer sehr schlimmen Nasennebenhöhlenentzündung zu leiden, weil ich am rechten unteren Backenzahn Zahnschmerzen hatte, ohne jedoch da einen Zahn zu haben. Nicht schön.

Auf jeden Fall hatte ich einen wunderbaren Kaffee getrunken und kam am Schild jener sympathischen kleinen HNO-Arztpraxis vorbei, und da ich Privatpatient bin, dachte ich mir, ich gehe mal kurz da rein und kaufe mir eine gute Besserung.

Ich öffne also die Tür, grüße zünftig mit „Grüß Gott", gehe an den Tresen, sage artig meinen Namen und bekomme als Entgegnung ein mürrisches „Haben Sie einen Termin?"

Tja.

Ja, ich habe einen Termin. Mit meinem Steuerberater. Nachher. Um fünf. Und um sieben habe ich auch einen Termin. Zum Abendessen. Aber mit seiner Frau. Aber das weiß er nicht, der Steuerberater. Seine Frau weiß es. Und ich. Und jetzt auch die Arzthelfertussi.

„Nein", sagt die Hals-Nasen-Ohren-Klingelfee am Empfang, „ich meine, ob Sie HIER einen Termin haben."

Habe ich natürlich nicht. Ich bin ja hier weder in einer Steuerberatungskanzlei, noch bezweifle ich, dass die Steuerberatergattin mit mir in einer Hals-Nasen-Ohren-Arztpraxis dinieren wird.

„Sie sind ja ein ganz Lustiger", knurrt mich der Zerberus der Schädelinnereien an. „Ohne Termin kann Sie der Herr Doktor nicht empfangen."

„Ich habe aber Schmerzen. Ziemlich schlimme Schmerzen" erkläre ich brav.

„Aber nicht ohne Termin", klärt mich Xanthippe auf.

„Es tut aber weh." „Aber nicht ohne Termin." „Doch, ohne Termin, ich habe die Schmerzen nicht geplant und kann mit Schmerzen weder das Finanzamt behumsen noch anschließend meinen Steuerberater."

„Hören Sie", sagt das Engelchen ungeduldig, „ohne Termin gibt es keinen Termin beim Doktor. Wie kann ich es Ihnen noch sagen, dass Sie es verstehen?"

„Ich bin Privatpatient."

„Aber ohne Termin."

„Ich zahle mehr als die Anderen."

„Nicht ohne Termin."

Ich ziehe meine Trumpfkarte: „Ihr Chef hat den hippokratischen Eid geschworen, er muss mir helfen. Entgegenkommenderweise erkläre ich mich jedoch bereit, sexuelle Handlungen an mir vornehmen zu lassen, wenn er mich drannimmt. Jetzt. Gleich."

Sie seufzt.

„Hören Sie: Der Herr Doktor ist beschäftigt und kann Sie jetzt nicht drannehmen. Nicht ohne Termin. Nur, wenn Sie ein blutender Notfall wären."

Ich greife über den Tresen, schnappe mir einen Tacker und hämmere mir eine Nadel in die linke Hand.

„Da. Jetzt blute ich. Ich bin jetzt ein blutender Notfall."

Sie zieht ihre Schreibtischschublade auf, entnimmt dieser ein Heftpflaster mit einem Schweinchen-Dick-Motiv und klebt es mir auf die Wunde. „Jetzt nicht mehr", triumphiert sie.

Aber nicht mit mir!

„Oh, dahinten, sehen Sie mal: Brad Pitt!", rufe ich aufgeregt und deute auf einen unbestimmten Punkt hinter ihr. Und während sie verwirrt den Kopf dreht, versuche ich, an ihr vorbeizuwitschen, stolpere jedoch über ein paar Schuhe, die eine schlampige Hals-Nasen-Ohren-Arzt-Assistentin im Gang neben dem Tresen abgelegt hat, und schlage im Fallen mit dem Gesicht in den Heizkörper, was meine Nase mit einem trockenen Knirschen quittiert.

Als ich aus der Ohnmacht erwache, blicke ich in das besorgte Gesicht eines Mannes im weißen Kittel, offensichtlich Arzt.

„Doppelter Nasenbeinbruch", sagt er. „Sie haben Glück gehabt, dass das hier passiert ist", sagt er. „Das dauert locker 14 Tage mit absoluter Bettruhe, bis das verheilt ist", sagt er auch.

„Das geht nicht", stöhne ich. „Ich habe doch Termine".

Er lächelt: „Jetzt nicht mehr".

Erwischt

Es ist Dienstagmittag, ich habe schön beim Italiener gegessen und weil ich aus Erfahrung weiß, dass ein voller Bauch nicht gerne läuft, habe ich mein Fahrzeug ganz vorschriftswidrig im Parkverbot abgestellt, denn ich bin 44 Jahre und im Vollbesitz meiner geistigen Kräfte und meines freundlichen Bankkontos und deswegen praktiziere ich damit meine Form von passivem Widerstand gegen die Staatsgewalt, indem ich mich dahinstelle, wo es mir passt.

Werde ich nicht erwischt, dann hatte ich einen netten Parkplatz für lau und wenn ich erwischt werde, dann kostet mich das doppelt so viel, als wäre ich gleich ins Parkhaus. Doppelt oder nichts. Wie beim Roulette. Oder im Leben.

Als ich also das „Al Dente con Salmonelle da Berlusconi" verlasse, den Bauch und die Krawatte voll mit Spaghetti Bolognese, steht ein Büttel der Staatsgewalt, ein Scherge des Königs, ein Soldat des Ordnungsamtes der Stadt neben dem Geländewagen und schreibt seelenruhig sein Ticket. Ich gehe auf mein Auto zu und sage: „Ach verdammt". Weil man das so sagt, wenn man beim Falschparken erwischt wird.

Ich kenne jetzt das Spiel so: Der Vertreter der dunklen Seite der Wehrmacht sieht mich strafend an, drückt mir seinen Strafzettel in die Hand, ich steige ins Auto ein, lege seine Existenzberechnung in die Mittelkonsole und warte auf die Post, wo ich dann das Knöllchen überweise. Ich stand im Parkverbot, wurde erwischt und bezahle. Pech gehabt. Ich habe ja niemanden umgebracht.

Im Verlauf der nächsten fünf Minuten wird mir allerdings klar, dass ein Mord im Vergleich zum „Parken im Hal-

teverbot" ein fröhliches Kavaliersdelikt ist. Denn die ordnungs-
amtgraue Eminenz sieht mich an und sagt streng: „Sie wissen
schon, dass hier absolutes Halteverbot ist?"

Tja. Was soll man da sagen? Natürlich weiß ich es. Ich
will ja auch den Strafzettel gerne und dankbar als Fügung
des Schicksals annehmen. Ich will aber kein Gespräch. Also
sage ich brav: „Ja, weiß ich." Damit wäre das Gespräch mei-
nerseits eigentlich an dieser Stelle beendet.

Nicht so für den Handlanger der Stadtkasse. „Und warum
parken Sie dann hier?", will er wissen.

Aha. So einer ist das. Nicht nur, dass er wild Strafzettel
an unschuldige Falschparker verteilt, er will auch Verkehrs-
unterricht geben und darüber hinaus auch noch gesellschafts-
politisch wichtige Fragen stellen. Kann er haben.

Mir gehen hier mehrere Antworten durch den Kopf.
Spontan könnte ich ihm beispielsweise die Wahrheit sagen:
„Ich bin zu faul zum Laufen". Eine Möglichkeit.

Oder die arrogante Variante: „Das geht Sie einen Scheißdreck an." Aber dann zieht er vielleicht zur Strafe nicht seinen
Notizblock, sondern ein Pfefferspray. Möchte ich nicht.

Ich entscheide mich für Tor drei und kaufe „Überheblich-
keit für zehn Euro" und sage: „Weil ich es kann."

Aber nicht mit Herrn Löhlein von der Stadtverwaltung!
„Nun werden Sie mal nicht frech!", faucht er mich an. „Mit
Ihrem Verhalten blockieren Sie hier rücksichtslos Alte, Be-
hinderte und Kinder, ist Ihnen das eigentlich klar?"

Was wird das hier? Ein Sozialquiz? Ein Verhör?

Zum einen fehlen in seiner Randgruppenaufzählung
noch „Mitbürger mit Migrationshintergrund" und Arbeitslose, zum anderen blockiere ich die besagten Volksmassen

nur dann, wenn jene nicht in der Lage sind, in einer sechs Meter breiten, verkehrsberuhigten Zone einem stehenden Hindernis auszuweichen, wenn es also alte, arbeitslose Behinderte mit Kindern und Migrationshintergrund sind, die den Rollator mit ungefähr 120 Sachen durch dieses kopfsteingepflasterte Fußgängerghetto schieben.

Was erwartet jetzt eigentlich dieser Unterarm des Gesetzes? Soll ich mich ihm vor die Füße werfen und verzweifelt „Es tut mir leid, es tut mir leid, bitte strafen Sie mich, bitte strafen Sie mich, ich war ein böses Mädchen" wimmern? Mein Lebtag nicht!

„Die können doch außen herum gehen", gebe ich zurück. Er überlegt einen Moment, weil das logisch klingt. Dann kommt ihm eine Idee: „Nicht, wenn da noch ein LKW kommt".

Tja, das habe ich nicht bedacht. Dass ein LKW kommt. Mittags um 13.30 Uhr. In einer verkehrsberuhigten Zone. Wenn Alte und Kranke da herumlaufen. Er denkt, er hat mich. Aber so nicht.

„Sehen Sie einen?", frage ausnahmsweise mal ich. Und tatsächlich, ich kann es kaum glauben, er reckt den Kopf. „Nein ... Aber es KÖNNTE einer kommen!", fügt er trotzig hinzu und ich beschließe, ihm eine Brücke zu bauen. „Wenn es brennt, dann würde einer kommen. Von der Feuerwehr", helfe ich ihm.

„Wollen Sie mich verarschen?" Er bekommt langsam Gesichtsfarbe. Ja, schon, ich wollte nur den Strafzettel und dann zurück ins Büro. Aber ich habe ja auch nicht angefangen, mir einen Vortrag zu halten.

„Niemals", gebe ich zurück, „wie käme ich denn dazu? Sie machen ja auch nur Ihren Job."

196

„Genau", gibt er zu, „und ich habe es absolut nicht nötig, mich deswegen beschimpfen zu lassen!" Er klingt zornig und, ja, auch ein wenig traurig.

Er tut mir plötzlich leid. Eigentlich würde ich jetzt gerne den Arm um ihn legen und ihm sagen, dass er seinen Job sogar ganz prima macht und mich ganz pflichtbewusst aufgeschrieben hat und das quasi in seiner Eigenschaft als Beschützer von Alten, Behinderten und Kindern vor rowdyhaften Falschparkern im ruhenden Verkehr. Aber erstens habe ich ihn nicht beschimpft, wenigstens NOCH nicht, und zweitens – es geht nur um einen falschen Parkplatz und zehn Euro. Und ums Prinzip. Weil es immer ums Prinzip geht. Also gut, er soll seine Chance haben. Ich bin souverän.

„Wissen Sie was?", sage ich und beschließe, ihn anzulügen: „Ich bedanke mich, dass Sie mich auf mein falsches Verhalten hingewiesen haben, und will es nie wieder tun, aber wie mir soeben auffällt, ist dies gar nicht mein Auto, weil ich heute in der Tiefgarage stehe. Trotzdem danke für die Belehrung. Ich wünsche Ihnen noch einen schönen und spannenden Tag."

Er schüttelt den Kopf, klemmt seinen Zettel hinter den Scheibenwischer, ich drehe mich herum, trinke noch einen Kaffee bei Irma, warte bis er weg ist, pflücke seinen Dienstnachweis vom Wischer und lege ihn auf die Mittelkonsole und fahre ins Büro.

Es ist so einfach, Menschen glücklich zu machen.

Unsortiertes aus der Mittelschicht

Experimentelle Buchstabensuppe

Von allen Buchstaben im Alphabet ist das Ypsilon der Depp.

Alle Vokale und die meisten Konsonanten lassen sich noch irgendwie rechtfertigen, irgendwie erklären. Irgendjemand hat sich sicher mal gesagt: „Mensch, bevor ich jedes Mal die Buchstaben K und W verwende, erfinde ich doch einfach ein Q mit einem U hintendran und kann dann „Quelle" statt „Kwelle" schreiben und mir irre Zeit einsparen.

Und weil ich gerade dabei bin, streiche ich auch noch die Kombination KS und erfinde stattdessen das X und spare mir wieder einen Buchstaben. Ist das geil oder ist das geil?"

Und auf dem Buchstabenpatentamt muss der Bruder des Idioten gesessen haben und ihm die Genehmigung und den ewigen Ruhm für „Xaver" statt „Ksaver" erteilt haben.

Und weil sie gerade beim Ausklabüstern waren, hat der veruandte Patentbeamte uohl gesagt „ich geb dir die Genehmigung aber nur, wenn du mich zum Erfinder des „W" anstelle der Buchstabenkombination „U" und „A" machst…"

Irgenduann in der näxten Generation beschlosz dann der angeheiratete Schuager, die Kombination S und Z und S und S durch das „ß" zu ersetzen, hatte jedoch das Pech, dass es auf dem Buchstabenpatentamt keine Veruandschaft mehr gab.

Pech für die Uaelt, die SS uaäre uns erspart geblieben, uaeil es für das scharfe „ß" keine germanische Rune gibt.

Oder das Z. Nichts anderes als ein Tseichen für die Kombination aus T und S. Braucht kein Mensch, ist aber da und stiehlt uns Platts und Tseit und hat tsich trottsdem durchgesettst.

Aber das Y? Wofür ist das gut?

Es gibt Worte, die fangen mit Q an: Qualle. Und es gibt Worte, die fangen mit X an. Xanthippe zum Beispiel. Mit W gibt es ganz viele Worte. Wie „Wort", beispielsweise.

Es gibt sogar Worte, die mit einem V anfangen. Vogel, Veilchen, Viereck. Alles Worte, die man auch mit einem F hätte schreiben können, aber irgendjemand wollte wohl nach der Farus-Schlacht nicht auf die lateinische V verzichten und hat das V ins Alvabet geschummelt. Drecksack.

Aber zurück zum Y. Das einzige Wort, das mit Y beginnt, ist das Wort Ypsilon. Das Y ist der einzige Buchstabe, den es nur gibt, weil es ihn gibt. Ein Buchstabe als Selbstzweck. Wer braucht das? Gut, wenn jemand ein Yak hat, vielleicht noch. Aber wer hat schon ein Yak?

Sicher, gelegentlich schaut mal ein X vorbei und nimmt das Y auf eine Party mit. Bei der es dann symbolisch Xylofon- musik zu hören gibt. Aber wenn sich ansonsten die anderen Buchstaben irgendwo treffen, musz das Y leider drauszen bleiben.

Woher kommt also das verdammte Y? Ryhrt das vielleicht von den Tyrkenkriegen her? Haben die Tyrken damals in den Tyrkenkriegen sämtliche „Ü"-Lettern als Beute geklaut und die Drucker mussten irgendwie improvisieren? Und die an- gelsächsischen Sprachländer haben dann gesagt „dann leckt uns, dann erfinden wir eben das Y"? Gibt es deswegen Partys statt Partüs und „Ways" statt „Waüs"? Und selbst wenn: wir Indogermanen haben doch dann das Ü reaktiviert und sind heüte auf dieses stinkige Y yberhaupt nicht mehr angewiesen!

Irgendwie kann einem das Y leid tun. Weil es so überflüs- sig ist. Ich nehme an, dass das J der einzige Freund des Y ist, weil auch das J ein Depp ist, aber sich trotzdem seit hunderten von Jahren ohne zu jammern gegen seinen kleinen frechen, aber viel erfolgreicheren Bruder, das i, durchsetzt. Wenn auch nur mit mäßigem Erfolg.

Und damit wären wir endlich beim Großkotzigsten aller Buchstaben angelangt: dem I.

Das I sieht in Großbuchstaben wie eine römische I aus und kann sich Arroganz leisten, weil es die beiden Deppen J und Y eigentlich locker ersetzen könnte, was diese regelmäßig wie Sau ärgert.

Bleibt zum Schlusz nur noch die Frage, warum es eigentlich keine Buchstaben für die Kombinationen CH, SCH, und ST gibt und wann sich irgendein Idiot...

Entεuldygt mi& bytte – y& musts gants εnell uaeg – tsum Patentamt...

Der letzte Punk

Damals, bei den coolen Jungs, da war Micha immer mit dabei. Unserem Klassenleiter in der 10a fiel seinerzeit fast die Brille vom Kopf, als Micha urplötzlich von einem auf den anderen Tag mit prophetischem rot-grünem Igelhaarschnitt, gammeliger Lederjacke, durchlöcherter Jeans und einem Hundehalsband auftauchte und verkündete, er „habe jetzt keinen Bock mehr auf die Scheiß-Penne".

Micha war kein guter Schüler, er war auch kein schlechter. Er schwamm so mit. Seinen Sinneswandel vom bisher zwar schrägen und leicht paranoiden Einzelgänger hin zum Punk begründete er damit, dass er eine Tusse kennengelernt hätte, die eben da auch in der Szene zugange sei.

Fortan fläzte sich Micha besonders cool in die Bank, machte sich mit einem Springmesser demonstrativ und gelegentlich die Fingernägel sauber, sackte im Mündlichen um zwei Noten nach unten („Is mir doch scheißegal, wer die Mauer gebaut hat, aber Haring kann da mal geile Graffitos draufsprühen"), rettete sich zur Verärgerung der Lehrkräfte aber im Schriftlichen und schaffte so einigermaßen seinen Abschluss.

Ich habe ihn dann so ein bisschen aus den Augen verloren, gelegentlich sah ich ihn am Bahnhof mit den anderen Punks abhängen und irgendwie hat er dann wohl eine Lehre als Einzelhandelskaufmann bei einem Billigdiscounter gemacht und dann ward er nicht mehr gesehen.

Bis auf letzte Woche.

Als ich mich im „Kentucky" mit meiner Familienbox umdrehe, steht er hinter mir. Bisschen korpulent ist er geworden, schwarzes Sakko mit Jeans, offenes Hemd, zwei kleine Ohrstecker und die Haare so ein wenig nach oben geföhnt, keine echte Punkfrisur, aber immerhin auffällig.

Wertpapierhändler ist er geworden. An der Frankfurter Börse. Wir plaudern ein wenig und siehe da: Er findet den Kapitalismus immer noch scheiße, weswegen er sein Geld auch nicht in Aktien, dem Teufelszeug, anlegt, sondern sich lieber Immobilien gekauft hat, die er vermietet. Während er mich zum Auto begleitet, das ich vor seinem Porsche Cayenne geparkt habe, erzählt er mir, dass er zwei Scheidungen hinter sich hat, es ihm aber ansonsten gutgeht. Wie er das mit seinem Antikapitalismus vereinbart, will ich von ihm wissen. Er grinst: „Geld war mir schon immer scheißegal, aber es ist eben ein Unterschied, ob es dir scheißegal ist, weil du keines hast, oder es dir scheißegal ist, weil du genug davon hast."

Da hat er recht. Ob er billig und sozialverträglich vermietet, will ich wissen. Nö. Er kauft nur im Denkmalschutz, wegen der steuerlichen Abschreibung. Da kann man nicht billig vermieten, sonst deckt sich das nicht.

Ja, aber was wurde aus „No future" und „Kein Bock auf gar nichts"?

„Hab ich immer noch, ich will in ein paar Jahren aufhören und nur noch das machen, was mir Spaß macht. Da muss ich halt jetzt rankacheln. Dann hau ich hier ab, will mir in Spanien eine Finca zulegen." Als Punk schläft man doch unter der Brücke, oder? „Punk ist eine Lebenseinstellung, aber das bedeutet nicht, dass ich asozial sein muss. Is geiler, wenn du Flocken in der Tasche hast." Gutgelaunt springt er in den Porsche und fährt die paar Meter weiter vor bis zum Bahnhofsgebäude. Dort rollt er mit dem Cayenne auf den

Vorplatz, eine Gruppe von jungen Punks nähert sich wie Vieh der Tränke und ich sehe, wie Micha aussteigt und aus dem Kofferraum des Cayenne einen Kasten Bier angelt, den er einem der Typen in die Hand drückt. Ich hupe, winke und fahr an ihm vorbei. Er winkt zurück.

Punk's not dead.

Der Sozialkritiker

Gelegentlich hat man das ja. Da gehe ich auf eine Lesung von Laienkollegen anlässlich des „Welttages des Buches" oder anlässlich des schönen Wetters oder anlässlich einer Beerdigung oder anlässlich garnix. Einfach, weil sie da sind.

Und immer – und ich meine IMMER – tritt einer auf, der sein Frühprosawerk mit den Worten „Jetzt kommt was LUSTIGES" (das dann meist so lustig wie Fußpilz oder ein schwerer Autounfall ist) oder, was ich noch viel schlimmer finde, mit „Jetzt kommt was SOZIALKRITISCHES" ankündigt.

Während ich mich bei den Lustig-Ankündern maximal fremdschäme, haben sich meine „SOZIALKRITISCHEN" Kollegen mittlerweile meinen leidenschaftlichen Hass verdient.

Zuerst einmal ist die Ankündigung allein schon eine Unverschämtheit. Das hat was von „Wer meinen sozialkritischen Text kritisiert, der ist selbst ja wohl asozial" oder „Wer meine Sozialkritik nicht versteht, der muss automatisch Bonze sein". Aber nicht mit mir, Kollegen, nicht mit mir! Was sozialkritisch ist, entscheidet nämlich nicht der Schreiber, sondern der Zuhörer. Und ob er sich davon getroffen fühlt.

Der nächste Punkt ist der, dass vor allem die voller Begeisterung „sozialkritischen Textschreiber" selbst zu 99 Prozent der Schicht aller Leute angehören, die staatlich alimentiert werden, weil sie lieber „sozialkritische Texte" schreiben, statt Arbeit zu suchen. Aber man ist sich ja zu schade, für zehn Euro die Stunde zu malochen, wenn man lieber einen „sozialkritischen Text" schreiben und sich damit selbstverständlich als Opfer gerieren kann. Für zehn Euro arbeiten nämlich nur Polen und andere, die sich wenigstens noch ein bisschen Reststolz bewahrt haben. Für das Geld rührt kein Sozialkritiker den kleinen Finger. Da lebt es sich mit Gutscheinen und Sozialhilfesatz unterm Strich wesentlich besser und lustiger.

Dann ist es immer das Gleiche. Es geht um „die da oben" und „wir da unten". „STOPP!", möchte ich dann brüllen.

Ihr wollt Sozialkritik? Könnt Ihr haben: Ich bin weder „oben" noch „unten", habe eine 6-Tage-Woche und einen 12-Stunden-Tag und kann mir deswegen auch ein wenig mehr leisten, sogar Personal, das ich für mehr als zehn Euro die Stunde beschäftige. Allerdings trage ich das volle unternehmerische Risiko, habe mich mehr als der Durchschnitt engagiert und tu das immer noch. Ich glaube fest daran, dass jeder, der will, auch eine Chance bekommt, die er nutzen kann – wenn er nicht gerade alt oder krank oder beides ist. Das ist dann ein anderer Film.

Aber jeder der „sozialkritischen" Fuzzis, der mir bisher unter die Augen getreten ist und mir dabei seine schlampig ausformulierten Texte unter die Jacke gejubelt hat, hat mir nicht den Eindruck von jemandem gemacht, der gesellschaftliche Solidarität benötigt, sondern eher den Eindruck einer faulen Sau, die eine Solidarität einfordert, die sie selbst zu leisten nicht bereit ist. Die kriegen von mir auch nix ab. Ich gehe doch nicht arbeiten, um irgendeinen faulen Strick zu alimentieren, der den eigenen Hintern nicht hochkriegt.

Und das trifft ebenfalls auf beide Seiten zu: Ich gehe nämlich auch ungern für Banker-Boni arbeiten, die ihre Firma in die Scheiße reiten und zwar die Gewinne privatisieren, die Verluste jedoch sozialisieren. Oder auf die Welt gekommen sind, um ein leistungsloses Einkommen zu beziehen. Ob das nun Hartz IV ist oder eine Aktiendividende aus dem vererbten Kapital, ist dabei unerheblich.

Na, können Sie mich noch leiden? Ach, egal. Ich bin mir bewusst, dass es Ausbeutung gibt, aber ich lasse mich gerne von Staat, Reichen, Armen und Dummen ausbeuten, solange für mich noch genug übrigbleibt. Damit habe ich überhaupt kein Problem.

Ungerecht? Ja, klar. Das Leben IST nun einmal ungerecht. Ich finde es ungerecht, dass meine Gefährtin essen kann, was sie will, ohne auch nur ein Gramm zuzulegen und mich allein schon der Blick ins Schokoladenregal des Supermarktes der Adipositas entgegentreibt. Es ist auch ungerecht, dass es Leute gibt, die mit weniger Arbeitsaufwand mehr verdienen als ich. Oder mehr Sex haben.

Ich denke da mal an meinen Rechtsanwalt. Alleine das Klingeln in seiner Kanzlei kostet mich 300 Steine. Da hat der mich noch nicht einmal gegrüßt. Aber ich kenn den Typen halt auch schon seit 30 Jahren. Der hat halt in der Schule ein paar Mal weniger als ich aus dem Fenster geguckt und daher ein klasse Abi geschrieben. Mit dieser Bürde muss ich nun einmal leben.

Wenn mir das nicht passt, dann kann ich ja künftig eben den Blick aufs Schokoladenregal lassen und meine Anwaltsbriefe selbst ausformulieren.

Was ich damit sagen will: Jeder hat sein Leben und sein Schicksal selbst in der Hand. Sich in die „sozialkritische" Opferrolle zu flüchten, mag zwar Balsam für das eigene Versagen und eine gute Entschuldigung für Faulheit sein – es bringt bloß niemanden weiter oder nach vorne. Oder wenigstens dahin, wo er eigentlich gerne wäre.

Ich habe NOCH NIE gesehen, dass nach einer „sozial-kritischen" Lesung irgendeiner aufgestanden ist und gesagt hat: „Ich schäme mich, dass ich reich bin, und werde morgen die Gehälter meiner Angestellten verdoppeln." Stattdessen saßen die anderen Armen drum herum und haben zustimmend mit dem Kopf genickt. Und? Was hat das jetzt geändert? Goarnix. Es gab nicht mehr Geld, die Gesellschaft hat sich auch nicht geändert, das war einfach nur heiße Luft für die Feierabendrevolution. Ja danke. Wenn es wenigstens handwerklich gut gemacht wäre. Aber sogar dazu sind sie zu faul, die „Sozialkritiker".

Also, liebe Kollegen: weniger Sozialkritik, dafür bessere Texte schreiben und die verlegen lassen. Den Arsch hochbringen. Und wenn das mit dem Schreiben nicht klappt – tja, dann ist das eben einfach nicht Euer Film. Dann seht wenigstens zu, einer geregelten Arbeit nachzugehen, damit die WIRKLICH BEDÜRFTIGEN in diesem Staat auch von Euch unterstützt werden.

Ich habe fertig.

Die Tödin

Gestern Abend, im Dämmerzustand, weckte mich ein Geräusch. Es war der Tod, der vor mir stand.

„Hallo", sagte er, „ich bin der Tod. Ich will dich abholen."

„Oh", sagte ich. „Das ist jetzt aber doof. Das passt mir
gerade gar nicht."

„Nun, ich mach auch nur meinen Job. Meinst du, mir
macht das Spaß? Die Wenigsten sehen mich gerne. Ich laufe
den ganzen Tag herum und hole Leute ab, die nicht wegwol-
len, schufte mich kaputt, ackere wie ein Pferd und trotzdem
kann mich keiner leiden. Von einer anständigen Bezahlung
ganz zu schweigen."

„Mensch, Tod. Das tut mir aber verdammt leid."

Der Tod setzte sich auf mein Bett. „Von Kriegszeiten
möchte ich gar nicht erst reden. Fulltime-Job. Gelegentlich
ganze Gruppen. Alle sauer und genervt und voll mit Adrena-
lin. Kein Mensch kann das nachempfinden. Stress pur."

„Klar", erwiderte ich, „aber du hast auch ein Scheiß-
Image. Sieh dich doch mal an. Nur keine Haut und Kno-
chen. Sehr erbaulich ist das nicht. Du siehst aus wie eine
Anti-Tabak-Werbung."

„Na, wundert dich das?" Der Tod war leicht gekränkt.
„Bei dem Stress komme ich einfach nicht zum Essen. Beim
Trinken geht alles nach unten weg. Ich bräuchte einfach mal
Urlaub. Nur mal so vierzehn Tage Ibiza am Strand. Mal die
Sense weglegen und sich oben ohne bräunen lassen, das wär
was. Aber nix..."

Ich kicherte. „Oben ohne? Du hast doch da gar nichts..."

„Klar habe ich da nichts mehr. Abgenommen in den

letzten 100.000 Jahren. Im Paradies, da konnte ich noch nackicht mit Adam durch die Gegend flitzen, bis diese Scheiß-Schlange ..."

Ich war verblüfft: „Bist du ein Mädchen?"

„Ja logo!" Der Tod, oder besser, die Tödin, war pikiert. „Man sieht es nur nicht mehr. Ich würde auch gerne mal ein nettes Kleid anziehen und bummeln gehen oder mir ein Tattoo tackern lassen, statt immer in dieser beschissenen schwarzen Kutte und dieser Scheiß-Sense durch die Zwischenwelt zu hasten und Rentner abzuholen, die stur wie Maulesel sind ... Aber NIX. Ich habe ja nicht mal Ohren für zwei hübsche Ohrringe."

„Mensch, Tödin." Ich legte meinen Arm um ihre Schultern. „Das tut mir so verdammt leid." Die Tödin legte ihren Kopf an meine Brust und begann zu schluchzen. Zwei Würmer fielen aus ihren Augenhöhlen. „Seit 100.000 Jahren ... nicht EINMAL ein nettes Wort ... Jesus hat mich durch die Gegend geschubst ... kein „Tod, du siehst aber gut aus, heut" ... kein „He, Lust, mit aufs Zimmer zu kommen?" ... nichts ... kein nettes Kompliment ... alle hassen mich ..."

„Na komm." Zärtlich strich ich der Tödin über den blitzeblanken Schädel. „Ist doch nicht soooo schlimm. Ich finde, für eine Tödin siehst du ausgesprochen sexy aus. Du hast einen klasse Schädel und ein wirklich geiles Gebärbecken. Und in deine Halswirbelknochen könnte ich mich echt verlieben! Schau, ich mach dir einen Vorschlag: Du gehst jetzt wieder sensen, und wenn du dich mal wieder so richtig scheiße fühlst, dann komm einfach so alle vierzig Jahre bei mir vorbei und wir quatschen miteinander. Na? Was sagst du?"

Die Tödin sprang auf: „Echt? Das würdest du machen? Mensch, das wäre ja SUPERNETT. Danke, dass du mir wieder ein wenig Mut gemacht hast. So machen wir es!"

„Ich freue mich drauf", entgegnete ich.

„Ich auch! Und nochmal danke."

Sprach's und verschwand.

Ich drehte mich um und sank wieder in die Arme des kleinen Bruders der Tödin, dem Schlaf.

Frau bleibt eben Frau!

Widerstand jetzt!

Ich bin Deutscher. Ich bin da nicht sonderlich stolz drauf, ich schäme mich aber auch deswegen nicht. Neben meiner Haar- und Augenfarbe ist es das einzige, für das ich nichts kann. Meine Mutter ist Deutsche, mein Vater ist Deutscher und ich bin in Deutschland geboren. So isses eben.

Deutsch sein ist gar nicht so schlecht. So habe ich, genetisch gesehen, einige fantastische Eigenschaften, die jetzt zum Beispiel Engländer nicht haben. Ich kann auf jeden Fall einen Elfer verwandeln (erst recht, wenn ein Engländer im Tor steht) und wäre ich Ingenieur, könnte ich Super-Autos bauen oder den Katalysator, den Düsenantrieb oder den Genozid erfinden oder große Weltliteratur schreiben, wäre ich ein besserer als nur ein mittelmäßiger Schriftsteller, denn schließlich bin ich Dichter und Denker.

Und ich bin noch etwas anderes.

Als Deutscher bin ich brav und ordentlich.

Ich hätte das selbst nicht vermutet, denn mein Schreibtisch sieht aus wie Berlin '45 und ich finde, dass ich ein über den Stuhl geworfenes Hemd auch morgen noch in die Wäsche werfen kann und dass ich das nicht gleich machen muss.

Gemerkt habe ich dieses „deutsche Gen" ganz stark vorgestern. Da war es nachts um halb zwölf und ich war der einzige Mensch auf der Straße, auf dem Weg zum Parkhaus.

Und da steht dann diese Fußgängerampel.

Die ist rot. Für die Fußgänger.

Und ich bin Fußgänger.

Die Straße ist nicht sonderlich breit und man kann sie locker nach links und rechts 200 Meter einsehen. Kein Auto ist da. Wäre da nicht die Ampel, ich könnte entspannt über die Straße gehen. Nichts wäre ungefährlicher. Eher würde ich bei einer Kerner-Talkshow vor Aufregung sterben, als dass mich da jetzt im Moment ein Auto überfährt.

Aber es ist rot. Rot bedeutet Stehen, Grün bedeutet Gehen. Es ist rot. Rot bedeutet Tod. So habe ich das als Kind beigebracht bekommen. Und nur einmal SPD gewählt.

Es wäre wirklich kein Problem. Es sind keine Zeugen da, es ist keine Kamera da. Niemand würde es bemerken, wenn ich jetzt frech über die Ampel marschiere. Ich könnte gehen.

Aber ich bin Deutscher.

Ein Deutscher vor einer roten Ampel.

Die haben ja die Ampel nicht zum Spaß dahingestellt. Das ist eine gefährliche Stelle, weil viele Fußgänger, die vom Marktplatz kommen, hier die Straße überqueren, die gleichzeitig Teil des Innenstadtrings und dementsprechend heftig befahren ist. Ohne die Ampel wäre sicher schon jemand ums Leben gekommen.

Es ist aber auch 23.30 Uhr und es ist weder Markt, noch sind Autos zu sehen. Eigentlich also der ideale Zeitpunkt, ein Gesetz zu brechen, sich freizumachen vom Banne der Obrigkeitshörigkeit und dieses einen deutschen Gens, jetzt oder nie könnte ich subversiv sein und dem Staat eine lange Nase drehen, ich würde einfach bei Rot über die Ampel gehen und es gäbe nichts, was sie dagegen tun könnten.

Wahrscheinlich jedenfalls.

Andererseits kenne ich ja unseren Staat: Möglicherweise werde ich bereits von einer Zivilstreife kameraüberwacht und die lauern nur auf einen falschen Schritt von mir und *zack* klicken die Handschellen und ich komme wegen Widerstands gegen das Rotsignal von Fußgängerampeln für immer ins Gefängnis, gemeinsam mit Steuerhinterziehern und Kinderschändern. Kennt man ja.

Das Ampellicht wird grün, ich kann drüber gehen. Aber das ist jetzt eine prinzipielle Geschichte. Ich bleibe vor der grünen Ampel stehen. Eine ältere Dame kommt aus einem Hauseingang, geht über die Straße und ruft mir, mich augenscheinlich für blind haltend, über die Schulter zu: „Es ist Grün, Sie können gefahrlos drüber!" Aber nicht mit mir. „Ich leiste Widerstand gegen das System", brülle ich zurück und sie schüttelt ungläubig den Kopf.

Sie versteht es nicht. Aber ich. Niemand kann mich zwingen, einen Fußgängerüberweg bei Grün zu benutzen. Ich habe gewonnen. Und jetzt bin ich doch ein bisschen stolz auf mich.

Bonus
Erinnerungen – der Alfredlaus

Als ich noch ein Kind und Weihnachten noch ein Geheimnis war, da gab es vor dem großen Fest noch eine Hürde zu nehmen, nämlich den Abend des 6. Dezember, an dem der Nikolaus kam.

Auch wenn man schon als Vierjähriger so eine Ahnung hatte, dass good ole Lausi irgendwie Papa oder Onkel Alfred ähnlich sah, so hat doch die Sache mit dem Sack und der Rute dafür gesorgt, dass man besser mal die Schnauze hielt, weil bereits Vierjährige keine Lust haben, als Nikolaus' persönliche Geschenkfertigungssklaven bis zum Jüngsten Gericht an dem verdammten Nordpol Spielzeug für wildfremde Kinder zu fertigen und einzupacken.

In der Regel saßen wir damals mit der family von Onkel Alfred zusammen, meine Schwester, meine beiden Cousins und ich, und sangen voller Inbrunst Nikolauslieder, immer in der Gewissheit, dass der Typ auch auftauchen würde und wahrscheinlich wie stets scheißeschlecht gelaunt ist. Manchmal mussten Onkel Alfred oder mein Dad gaaaanz plötzlich weg oder waren von vorneherein noch auf der Arbeit und nach dem dritten oder vierten „Niklaus ihist ahain guter Mann" (mit extrem schlechter Laune) klopfte es dann an die Wohnzimmer- oder Dielentüre, oder vielmehr, als Vier- bis Fünfjähriger hat man jedenfalls das Gefühl, donnerte es an der Türe, dass es genauso gut ein Höhlentroll oder ein Polizeieinsatzkommando hätte sein können.

Meine Mutter öffnete dann und da stand dann der Nikolaus im roten Wams und mit weißem Bart und den Schuhen von Onkel Alfred und hätte auch der zornige König der Gartenzwerge sein können. „Hohoho", hat er dann gesagt, wie der Hund bei Loriot, und dann hub er stets an mit: „Von draus vom Walde komm ich her …".

Nach dem eh meist nur achtzeiligen Gedicht des komischen Heiligen (mehr konnten sich meine Ahnen unter der brühheißen Verkleidung nicht merken) kamen dann wir Kinder. Und zwar dran.

Bei uns zu Hause ging es dem Alter nach. Da ich aus dem Quartett der Älteste war, musste ich auch immer als Erster vortreten. „Du bist der Thilo, ist das richtig?" Ja, aber in diesem Moment wäre ich viel lieber jemand ganz anderes gewesen, denn der Nikolaus steht in der Autorität über den Eltern, und wenn er beschließt, dass ich ein BÖSES Kind gewesen bin, dann geht's in den Sack und da helfen keine Eltern, kein Grundgesetz und keine Polizei. Nikolaus ist schließlich Nikolaus, das ist von der Machtfülle heute eigentlich nur mit der eines Internetforenmoderators vergleichbar. Also habe ich nur brav und schweigsam genickt und mich im Stillen gewundert, warum der Nikolaus da vor mir Onkel Alfred ähnlicher ist als dem Nikolaus, der gestern im Kindergarten bei uns war.

Nikoalfred kramte dann aus seinem Sack (und verdammt, da hat doch was gezuckt, da ist doch einer drin?) sein „goldenes Buch", das zwar außen mit Goldfolie eingebunden, innen aber mit schnöden karierten Seiten bestückt war, die in der ordentlichen Handschrift meiner Mutter beschrieben waren.

„Ich sehe, dass du im letzten Jahr deine Schwester oft geärgert hast – stimmt das?" Ja, meine Fresse, natürlich stimmte das, ich bin der ältere Bruder, es ist mein Job, meine kleine

Schwester zu piesacken und außerdem, was soll die Frage, traust du deinen eigenen Leuten nicht, Dickmops? „Nein", habe ich stattdessen gesagt, „nur manchmal". „Soso! Und außerdem steht hier noch, dass du über die Straße gerannt bist, ohne auf die Autos zu achten." So? War das so? Kann ich mich mehr dran erinnern und wenn, dann wäre es doch auch egal, ich habe schließlich nur mich in Lebensgefahr gebracht. „Und dann steht hier auch noch, dass du nie helfen willst, den Küchentisch abzuräumen und stattdessen frech und unverschämt zu deiner Mutter bist, die es doch nur gut mit dir meint..." Das ist eine glatte Lüge, ich habe nämlich sehr wohl manchmal den Küchentisch abgeräumt und meistens bin ich auch nett, nur manchmal nicht, aber hey, meine Mutter ist auch manchmal nicht nett, warum kriege also nur ich hier den Vortrag und was war im Supermarkt, als ich mir das Feuerwehrauto so sehr gewünscht habe und sie es mir nicht kaufen wollte, obwohl ich den ganzen Tag EXTRA-brav war, darüber wird natürlich kein Wort verloren, aber all das fällt mir eben 47 Jahre zu spät ein und stattdessen habe ich ehrfurchtsvoll ein „ja" gehaucht.

„Andererseits", der Alfredlaus blätterte, „steht hier auch, dass du auch auf deine Schwester manchmal aufpasst oder Mamas Tasche trägst, wenn Ihr einkaufen geht. Außerdem hilfst du auch beim Spülen." AHA. Kann ich mich zwar auch nicht dran erinnern, aber wenn es da so steht, was soll man da machen? Anscheinend kriege ich also „mildernde Umstände".

„Tja", sagte dann die Instanz, „das sieht dann nach zweimal Rutespringen aus" und er hielt die Rute, so ein Geflecht aus Reisighölzern, in Sprunghöhe. Okay, zweimal Rute springen ist in Ordnung, wenn ich nur nicht an den Scheiß-Nordpol muss. Also gesprungen und dann witschte die Rute über den Hintern. Das tat nie weh, und ich dachte, wenn das eine Bestrafung sein soll, dann ist sie lächerlich, aber ich habe lieber die Klappe gehalten, denn der Sack stand ja auch noch da und ich könnte mir vorstellen, dass ich, wenn ich die ganze Nacht auf Rentierärsche starren müsste, jetzt nur auf ein falsches Wort warten würde, um mich doch noch zu kassieren! Also zweimal „Au" gesagt, damit Alfredlaus zufrieden ist, und außerdem hätte ich jetzt gerne mein Geschenk!

Und dann griff der Nikolaus in den Sack und siehe da: Neben den obligatorischen, aber verhassten Nüssen und den sehr viel lieber gemochten Mandarinen kam da DAS Feuerwehrauto, dessentwegen ich EXTRA-brav gewesen war. „Aber eines noch:", doppelpunktete Alfredlaus aber dann, „du versprichst mir, das nächste Jahr brav zu sein und deine Mutter nicht mehr anzuschreien." Jaja, ich schreie sie nicht mehr an, ich tapeziere den Rasen, verputze das Haus und zahle die Hypothek zurück und arbeite in den Eisenminen, aber kann ich jetzt BITTE das Feuerwehrauto haben! „Ich sehe alles", sagte der Nikolaus und ich fand das sehr beunruhigend. Aber ich hatte das Feuerwehrauto. Der Rest war egal, tschüss Nikolaus, ich setz mich jetzt und du kannst gehen ...

„WIE SAGT MAN?!", brüllte der Alfredlaus und ich sagte „Danke" und erwartete eigentlich so halb, dass er „Danke WAS?!" jetzt brüllt und ich „SIR, DANKE SIR!" zurückbrüllen muss, aber der Weihnachtsgrobian wandte sich dann meinem Cousin zu, der EINE MENGE auf dem Kerbholz hatte, wie ich ziemlich genau wusste. Zum Beispiel die fünf Mark, die ich ihm für Süßigkeiten aus meinem Sparschwein geliehen hatte und die ich nie wieder gesehen habe, oder dass er mir neulich in die Klicker getreten hat, der Arsch, und ich war mir ziemlich sicher, dass heute für Marc Zahltag ist und der Nordpol ruft und ich ihn liebend gerne bis zum Sankt Nimmerleinstag Geschenke packen sehen würde, aber davon stand in dem blöden Buch natürlich nichts und ich wollte nichts sagen, weil ich ja nicht wusste, wie der Nikolaus auf Denunziation reagiert.

So blieb es stets bei der Standardprozedur, zwei Rutenschläge und ein schönes Geschenk, was ich ungerecht fand.

Hatte der Nikolaus dann alle durch, nicht ohne zu bemerken, dass er dieses Jahr eigentlich gekommen wäre, um Onkel Alfred, der immer so viel arbeitet (als Beamter!) mitzunehmen, aber der wäre ja, schadeschade, nicht da, dann mussten wir nochmal ein schleimiges „Niklaus ihist ahain guter Mann" singen und der Troll trollte sich.

So ging das bestimmt vier bis fünf Weihnachten, bis mein jüngster Cousin sechs Jahre alt war, der Nikolaus immer mehr wie Onkel Alfred aussah und wir alten zehnjährigen Hasen bei den Worten „Rute" und „Sack" an ganz andere Utensilien als die des Nikolaus dachten und Onkel Alfred nicht mehr „von draus vom Walde" sondern von seinem Auto mit Hundekacke am Schuh kam. Der Zauber war verschwunden, unwiederbringlich dahin und doch...

... wickle ich heute das Terminbuch in den goldenen Umband, schreibe mir die kleinen und großen kleinen Sünden meiner Kids auf und habe an Nikolaus noch einen gaaaanz wichtigen Termin und komme dann „von draus vom Walde" – denn da komm' ich her.

Frohe Weihnachten.

Epilog
Tati im Licht

Ich lese diesen Text sehr gerne am Ende meiner Lesungen – und obwohl oder auch weil er so kitschig ist, muss ich wirklich jedes Mal aufpassen, nicht Pipi in die Augen zu kriegen. Aber auch wenn er schon sehr alt ist – ich liebe ihn und die betreffende Person trotzdem sehr! Und deswegen gehört er unbedingt in dieses Buch. Wenn Sie alle Texte vergessen – merken Sie sich diesen!

Ein Sommermorgen, etwa 8.30 Uhr. Die Morgensonne scheint durch die Panoramascheibe und wirft den Schatten des Fensterkreuzes auf den Boden.

Auf dem Boden, auf der Wolldecke, liegt ein blondes Mädchen, etwa zehn Jahre alt. Vor sich aufgeschlagen ein Buch über Pferde, sie hat die Hände wie eine Schale unter dem Kinn gefaltet und stützt sich mit den Ellbogen ab. Die Sonne lässt ihr blondes, leicht gewelltes Haar wie Gold strahlen, der kindliche Körper, stramm und makellos in Jeans und T-Shirt, strahlt die Kraft und die Freude einer Blume aus, die durch die Asphaltdecke eines Bürgersteigs bricht. Keine Störung trübt dieses makellose Bild perfekter Kraft und Schönheit eines erwachenden Lebens, kein Gedanke besudelt dieses von Gott erdachte Gemälde eines glücklichen Kindes.

Ich sitze in meinem Sessel und schaue Tati beim Lesen zu. Schaue zu, wie sich ihr Brustkorb unter den kleinen, gleichmäßigen Atemzügen hebt und senkt. Schaue zu, wie sie da liegt, mit sich und der Welt im perfekten Gleichklang. Ich traue mich nicht, sie anzusprechen, will sie nicht ansprechen, will das Bild nicht stören, das mir zeigt, dass auch ich alles richtig gemacht habe. Es ist so, wie es sein soll, und es ist so, wie ich es gewollt habe. Es ist, wie es ist, und es ist schön.

Sie weiß es nicht, aber sie ist glücklich. Und weil sie glücklich ist, bin ich es auch. Durch sie lebe auch ich in diesem Moment und nur in diesem Moment. Und doch weiß ich, dass die Sonne weiterziehen wird, dass es Wolken geben wird, geben muss, die sie verdecken. Sie wird irgendwann aufstehen, ihr Buch nehmen und weiter in ihr Leben gehen, für eine kurze Zeitspanne noch mit mir, für die wesentlich längere Zeitspanne mit jemand anderem.

Sie wird das Buch irgendwann in die Ecke legen, dort vergessen, irgendwann dann wieder ausgraben und wegwerfen oder verschenken. Weil sie dann nicht mehr die kleine Tati von damals, sondern Frau S. sein wird. Eine Frau S., die auch die Wolken gesehen hat, die im Regen getanzt haben und vor dem Regen geflüchtet sein wird.

Ich würde so gerne die Wolken von ihr fernhalten, würde es ihr so sehr gönnen, dass die Sonne immer ihr Haupt wärmt, möchte diesen Moment einfrieren, konservieren und weiß doch, dass die wachsende Blume auch den Regen braucht, um zur vollen Blüte zu reifen.

Ich werde nicht immer für sie da sein können, werde sie nicht immer beschützen können, vor den kleinen und großen Lügen, vor Stromrechnungen, Strafzetteln, testosterongeschwängerten Angebern und menschlichen Versagern. Tati wird durch den Regen gehen müssen, dann durch den Schnee und irgendwann werde auch ich für sie nur noch eine ferne Erinnerung sein, von der sie ihren Enkeln erzählen wird, wenn das Pferdebuch längst vergessen ist und die Sonne ihr Haar in den letzten silbernen Glanz taucht.

Wir werden dann schon lange Abschied genommen haben, für immer und für einen Tag.

Aber jetzt gerade im Moment scheint die Sonne. Und Tati liest ihr Buch. Und alles ist gut.